# MULTIPROJEKTMANAGEMENT
# IN DER ÖFFENTLICHEN VERWALTUNG

### Systematisch und effizient Projekte und
### Programme zum Erfolg führen

**Dr. Silke Schönert**

**Hans-Dieter Villmow**

Impressum

Prof. Dr. Silke Schönert
100Tage-Projektmanagement
Erftstraße 15
50859 Köln

E-Mail: info@100tage-projektmanagement.de
Internetadresse: www.100tage-projektmanagement.de
ISBN: 9798568225140 Imprint: Independently published

Dr. Silke Schönert – Hans-Dieter Villmow

# Multiprojektmanagement
# in der öffentlichen Verwaltung

Systematisch und effizient Projekte und Programme zum Erfolg führen

Dr. Silke Schönert ist Professorin für Projektmanagement und Business Information Systems an der Rheinischen Fachhochschule Köln. Als Mitglied des Leitungsteams, etablierte sie die Fachgruppe „Projektmanagement in der öffentlichen Verwaltung" der Gesellschaft für Projektmanagement. Sie hat zahlreiche Qualifizierungen für Organisationen auf Bundes-, Landes- oder kommunaler Ebene geleitet und Multiprojektmanagement erfolgreich in Organisationen eingeführt.

Hans-Dieter Villmow hat über Jahrzehnte an der Modernisierung der Bundesverwaltung in verschiedenen Funktionen mitgewirkt und kennt Multiprojektmanagement aus der Praxis, aber auch die Herausforderung, die dafür notwendige Projektkultur in Behördenstrukturen zu etablieren.

# Inhalt

# Einleitung

## Über das Buch

Die öffentliche Verwaltung sieht sich mit zunehmenden Ansprüchen, neuen Aufgaben und knappen Ressourcen konfrontiert. Neben die gängige Erwartung an die Verwaltung, Stabilität herzustellen, ist die Erwartung getreten, innovativ zu sein. Die durch Demografie, Diversität und Digitalisierung getriebene Veränderung unserer Gesellschaft nimmt die öffentliche Verwaltung nicht aus. Deren bewährte Strukturen haben ihre Grenzen erreicht, um bei dieser Dynamik Schritt zu halten. Multiprojektmanagement ergänzt Bewährtes und hilft, den Wandel effizient und effektiv zu gestalten.

Projektmanagement ist eine seit langem etablierte Disziplin in Organisationen aller Branchen. Auch die öffentliche Verwaltung führt sehr erfolgreich Projekte durch, selbst wenn dies in der öffentlichen Wahrnehmung, angeheizt durch entsprechende Berichterstattung, nicht immer so wahrgenommen wird. Unzweifelhaft weist die öffentliche Verwaltung Besonderheiten und teilweise besondere Schwierigkeiten bei der Umsetzung von Projekten auf. Diese Besonderheiten zu kennen, ist Voraussetzung, um damit umgehen zu können und systematische Lösungen zu finden. Dabei ist es weniger wichtig, mit einem perfekten Multiprojektmanagement zu starten als sich schrittweise und verträglich für die Organisationen mit ihren Beschäftigten dorthin zu bewegen.

Mit einem systematischen Multiprojektmanagement werden zielführende Vorgehensweisen wiederholbar, weniger aufwändig und zum Wegbereiter für erfolgreiche Projekte und Programme.

Die gezielte Betrachtung der Anforderungen der öffentlichen Verwaltung zeigt wie Multiprojektmanagement trotz hierarchischer Organisationsform, kultureller Besonderheiten, dem gelebten Ressourcenmanagement sowie der teilweise „projektfeindlichen" Rahmenbedingungen gelingt und in welchen Bereichen, die öffentliche Verwaltung von ihren Stärken profitiert. Die vielen guten Beispiele für Multiprojektmanagement in der öffentlichen Verwaltung führen in der Gesamtheit betrachtet zu einem systematischen, in jeder Organisation anwendbaren Vorgehen. Damit wird Erfahrungswissen direkt übertrag- und nutzbar.

Projekte und Programme zum Erfolg zu führen, ist für die Innovationsfähigkeit und Umsetzungsstärke einer Organisation besonders wichtig. Das Buch zeigt Ihnen, wie Sie Multiprojektmanagement in der öffentlichen Verwaltung strategisch planen, systematisch angehen und effizient umsetzen.

## Ziel des Buchs

In diesem Buch wird ein Überblick über das Spektrum des Multiprojektmanagements mit dem Fokus auf die Besonderheiten der öffentlichen Verwaltung gegeben.

Damit soll Wissen vermittelt, Wege aufgezeigt und auch anhand von Beispielen Mut gemacht werden, um Organisationen der öffentlichen Verwaltung in die Lage zu versetzen, sich in einem Multiprojektumfeld sicher zu bewegen.

Ein durchgängiges Multiprojektmanagement führt im Endeffekt zu den dringend benötigten Ressourcenentlastungen und zu systematisch erfolgreichen Projekten und Programmen.

Das Buch zeigt, dass Projektmanagement keine singuläre Aufgabe ist, mit der sich Projektleiterinnen und Projektleiter beschäftigen, sondern vielmehr eine gesamtorganisatorische Aufgabe.

Durch den Fokus auf die öffentliche Verwaltung ist ein direkter Transfer der vorgestellten Methoden und Vorgehensweisen möglich.

Für diejenigen, die sich schwer tun mit der erfolgreichen Umsetzung von Projekten und Programmen in der öffentlichen Verwaltung, zeigt das Buch auf, wo weniger persönliche als systemimmanente Schwierigkeiten vorliegen und welche Lösungen möglich sind.

## Zielgruppe

Das Buch richtet sich in erster Linie an Mitarbeiterinnen und Mitarbeiter der öffentlichen Verwaltung. Und dabei gleichermaßen an Organisationen der Bundesverwaltung, der Länder und an Kommunen. Die wesentlichen Herausforderungen und Lösungsansätze sind identisch.

Das Buch vermittelt einen Überblick für Projektleiterinnen und Projektleiter der öffentlichen Verwaltung und zeigt organisatorische Herausforderungen und Lösungen für Führungskräfte auf.

Dienstleisterinnen und Dienstleister sowie Beraterinnen und Berater der öffentlichen Verwaltung werden mit Hilfe dieses

Buches die Besonderheiten der öffentlichen Verwaltung und Lösungswege erkennen.

## Aufbau des Buchs

Ausgehend von dieser Einführung in das Buch machen Ihnen zehn Leitfragen das komplexe Thema leicht zugänglich und führen Sie Schritt für Schritt zur erfolgreichen Anwendung:

1. Warum ist Multiprojektmanagement in der öffentlichen Verwaltung so wichtig?

2. Was sind die Erfolgsfaktoren und die Besonderheiten von Projekten in der öffentlichen Verwaltung auf Bundes-, Landes- und kommunaler Ebene?

3. Welche Formen von Multiprojektmanagement lassen sich unterscheiden?

4. Was sind die Besonderheiten des Großprojektmanagements - Programm Managements und welche Methoden berücksichtigen diese?

5. Was sind die Besonderheiten des Portfoliomanagements und seiner Methoden?

6. Wie entwickelt sich Multiprojektmanagement weiter?

7. Was sind die Herausforderungen auf dem Weg zum Multiprojektmanagement?

8. In welchen Schritten wird Multiprojektmanagement in der öffentlichen Verwaltung etabliert?

9. Was unterstützt die Einführung von Multiprojektmanagement?

10. Welche Erfolgsbeispiele gibt es für Multiprojektmanagement in der öffentlichen Verwaltung?

Zusammenfassend werden diese zehn Fragen am Ende des Buches in aller Kürze beantwortet, um einen schnellen Überblick über die Essenz des Buches zu geben.

Ein Glossar zum Abschluss hilft, die Begriffe des Projektmanagements nachschlagen und einordnen zu können.

# 1. Warum ist Multiprojektmanagement in der öffentlichen Verwaltung so wichtig?

## Tiefgreifender Wandel und eine Vielzahl an Projekten

Ob sportliches Großereignis, die Sanierung einer Autobahn, die Digitalisierung eines Prozesses oder die Ausstattung polizeilicher Einsatzkräfte mit Bodycams: Projekte finden überall dort statt, wo Neues entsteht. Sie haben sich als Trend in diesem Jahrhundert manifestiert und sind mittlerweile branchenübergreifend als Organisationsform fester Bestandteil von Unternehmen und öffentlicher Verwaltung. Haupttreiber dieser Entwicklung sind der schnell fortschreitende technologische Wandel, tiefgreifende gesellschaftliche Veränderungen wie Demografie und Migration sowie beschleunigte Lebenszyklen von Produkten und Dienstleistungen.

Der gesellschaftliche, technologische und demografische Wandel, die angespannte Haushaltslage und die Internationalisierung bzw. Europäisierung stellen die Verwaltung auf allen Ebenen insgesamt vor große Herausforderungen, staatliche Aufgaben effizient, bürgerfreundlich und in hoher Qualität zu erfüllen.

Diese Veränderungen treffen auf eine zunehmende Digitalisierung in der Verwaltung. Daher sind nicht selten die IT-Projekte die Treiber für das sich ausweitende Projektgeschäft: Die Anzahl und die Vernetzung der Projekte steigt. Während eine Organisation eine geringe Anzahl von Projekten meist noch gut bewältigen kann, steigt der Druck auf Mitarbeiterinnen und Mitarbeiter mit der Anzahl der Projekte. Häufig entsteht der Eindruck, mehr zu reagieren als zu agieren und zu steuern.

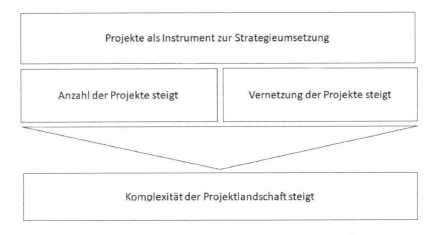

Abbildung 1: Zusammenhang Projekte und Komplexität der Projektlandschaft

## Organisation der öffentlichen Verwaltung

Klassische Linienstrukturen scheinen bei dieser Ausgangslage nur eingeschränkt für die Durchführung von Projekten geeignet. Denn das Management von Projekten unterscheidet sich grundlegend vom Management von Linientätigkeiten. Es geht darum, einmalige, innovative, risikoreiche und arbeitsteilig durchzuführende Vorhaben zu managen. Dafür sind neue und zusätzliche Kompetenzen notwendig. Die Bewältigung aktueller Herausforderungen – vom Klimawandel bis hin zur Mobilitätswende – erfordert eine innovative Verwaltung.

Professionelles Projektmanagement stärkt insgesamt die Innovationskraft von Organisationen. Eine Organisation, die ein etabliertes und gut funktionierendes Projektmanagement hat, kann Projekte größerer Dimension leichter bewältigen, während Organisationen, die Projekte „nur" nach bestem Wissen und Gewissen durchführen, häufig schon bei kleinem Projektumfang an den Rand des Machbaren geraten. Für die Einführung von Projektmanagement in Organisationen gibt es keine einheitlichen, branchenübergreifenden Regeln. Häufig finden die ersten Schritte hin zu projektorientierten Organisationsstrukturen eher unsystematisch statt und sind sogar durch externen Handlungsdruck hervorgerufen.

Die öffentliche Verwaltung soll und muss mithilfe von stabilen Strukturen für Verlässlichkeit, Rechtssicherheit und Transparenz sorgen und dabei mit Innovationen bei zukünftigen Entwicklungen Schritt halten. Dieses Spannungsfeld stellt die Strukturen der öffentlichen Verwaltung auf eine Belastungsprobe. Die herkömmlichen Verwaltungsstrukturen sind für die zukunftsfähige Weiterentwicklung nur bedingt geeignet, denn die klassische linienförmige Organisation ist auf Berechenbarkeit und Stabilität ausgelegt, nicht auf Innovation und Veränderung.

## Vielfältige Projektinhalte

Die Projekte der öffentlichen Verwaltung zeichnen sich durch ein inhaltlich großes Spektrum aus. Sie sind damit ausgesprochen heterogen. Zwar lassen sich heterogene Projekte auch in Unternehmen finden, die öffentliche Verwaltung deckt aber durch die vielfältigen Dienstleistungen für Bürgerinnen und Bürger ein größeres Aufgabengebiet ab. Das zeigt sich auch in der Unterschiedlichkeit der Projekte. Gerade sie macht es schwierig, die Projekte zu vergleichen, aber auch die Auswahl einheitlicher Methoden und Tools für die Unterstützung von Projekten.

## Strategieumsetzung und Vernetzung zwischen den Projekten

Projekte besitzen auch eine hohe Bedeutung für die Strategie eines Unternehmens. Sie werden zunehmend als Instrumente bei der Umsetzung strategischer Entscheidungen genutzt. Die Gesamtstrategie einer Organisation wird durch eine Vielzahl von Projekten umgesetzt. Dabei stehen diese Projekte häufig in Verbindung zueinander und weisen Abhängigkeiten auf. Die Vernetzung von Projekten steigt damit insgesamt.

Damit steigt in der Folge die Komplexität der Projektlandschaft und es gilt, diese gesamtheitlich im Sinne des Multiprojektmanagements zu planen und zu steuern.

## Ressourcen-Management bei einer Vielzahl von Projekten

Jede Organisation muss sich in Bezug auf Projekte die Fragen stellen, wie viele Projekte gleichzeitig bewältigt werden können und wie sich dafür die organisationsinternen Ressourcen am besten einsetzen lassen.

In der öffentlichen Verwaltung werden fortlaufend neue Projekte initiiert, meist ohne dabei die Fragen zur Zuordnung vorhandenen Personals zu klären. Dabei ist oft schon zu Beginn ersichtlich, dass die dafür eingeplanten Mitarbeiterinnen und Mitarbeiter bereits teilweise belastet oder anderweitig gebunden sind und die Planung damit nicht tragfähig ist.

Zudem ist zu bedenken, dass mit zunehmender Anzahl von Projekten die Konkurrenz um unternehmensinterne Ressourcen steigt. Eine nachhaltige Entwicklung kann demzufolge nicht mehr über das Einzelprojektmanagement abgewickelt werden. Es gilt, Projekte nachvollziehbar und transparent zu priorisieren, Abhängigkeiten zu managen und dafür Organisationsstrukturen, Prozesse und Methoden zu etablieren, die einen zielgerichteten und effizienten Einsatz der vorhandenen Ressourcen ermöglichen.

## Angespannte Haushalte und Kostendruck

Die Lage der öffentlichen Finanzen ist nach Einschätzung von Experten in allen öffentlichen Haushalten Deutschlands sehr angespannt. Städte und Kommunen erhalten Finanzmittel, die innerhalb einer bestimmten Periode eingesetzt werden können, um zugewiesene und freiwillige Aufgaben zu erfüllen.

Auf den Bundeshaushalt entfallen dabei rund 36 % der Ausgaben des öffentlichen Gesamthaushalts. Zusammen mit den Extrahaushalten repräsentieren die Länder rund 40 % der Ausgaben des öffentlichen Gesamthaushalts. Die Haushalte der Kommunen, einschließlich ihrer Extrahaushalte, repräsentieren rund 17 % der Ausgaben des öffentlichen Gesamthaushalts. Die Finanzmittel lassen bei Städten und Gemeinden häufig wenig Spielraum für sogenannte freiwillige Aufgaben, wie Sportanlagen oder Kultureinrichtungen. Daher ist das Budget insbesondere für derartige Projekte meist knapp bemessen. Aber auch andere Projekte sind vom Kostendruck betroffen.

Öffentliche Infrastrukturprojekte werden verstärkt durch Öffentlich Private Partnerschaften realisiert (ÖPP, englisch PPP public private partnership). Dabei erstellen private Partner nicht nur die Infrastruktur, sondern übernehmen ganz oder teilweise auch deren Finanzierung, die Risikoteilung und den Betrieb der Infrastruktur.

## Relevanz der Projekte für die Herstellung von Gemeinwohl

Das Handeln der öffentlichen Verwaltung ist dem Gemeinwohl bzw. der Daseinsvorsorge verpflichtet. Projekte, die sich besonders positiv auf das Gemeinwohl auswirken, sind demnach relevante Projekte. Relevant sind Projekte dann, wenn Sie spürbare Veränderungen für Bürgerinnen und Bürger mit sich bringen. Dabei geht es darum, Projekte auszuwählen, deren positive Wirkung für eine Gruppe oder im besten Fall alle Bürgerinnen und Bürger unmittelbar spürbar ist und die langfristige sowie nachhaltige Verbesserungen mit sich bringen. Manche Projekte wirken auch mittelbar oder sind Wegbereiter für andere Projekte. Dennoch steht der Gedanke der Relevanz stets im Vordergrund.

Dabei ist ein breites Leistungsspektrum abzudecken, wie Sicherung der menschlichen Entfaltungsmöglichkeiten (z.B. Bildung und Kultur), die Ordnung des Zusammenlebens, die innere und äußere Sicherheit sowie soziale Aufgaben und die Sicherung der wirtschaftlichen Grundlagen des Gemeinwesens und des Einzelnen. Hinzu kommen die Förderung von Innovation und der wirtschaftlichen Leistungsfähigkeit sowie die Unterstützung und Förderung von Bildung und Familie. Innerhalb dieses Spektrums gilt es, mit Hilfe des Multiprojektmanagements die relevanten Projekte zu identifizieren und zu priorisieren.

## Steuerungsfähigkeit und transparentes Controlling

Zur nachhaltigen Steuerung einer Organisation werden Transparenz und umfassende Informationen benötigt.

Eine Oberbürgermeisterin oder ein Oberbürgermeister beziehungsweise eine Ministerin oder ein Minister können ihre Leitungsaufgabe nur erfüllen, wenn entsprechende Transparenz besteht, diese kontinuierlich fortgeschrieben wird und damit einen entsprechende Steuerung möglich wird.

Wenn ein immer weiter ansteigender Anteil von Projekten mehr und mehr die Leistungserstellung innerhalb der öffentlichen Verwaltung ausmacht, müssen Auswahl, Priorisierung und Steuerung auf validen Informationen und mit Blick auf die Gesamtstrategie erfolgen.

## Öffentliche Verwaltung als lernende Organisation

Wissen zählt nicht nur in der so genannten New Economy zur zentralen Ressource. Auch in den klassischen Branchen findet eine gravierende Repriorisierung der Produktionsfaktoren statt. Bei zunehmend komplexen Produkten und Dienstleistungen ist die Wissensanreicherung der zentrale Wettbewerbsfaktor. Die klassischen Bewertungs- und Steuerungsmethoden der Industriegesellschaft verlieren an Bedeutung. Wirtschaftlicher Erfolg im Informationszeitalter ist abhängig von der Innovationsfähigkeit durch Wissen und Bildung.

Das Bestreben, eine Organisation in Richtung „lernende Organisation" zu entwickeln, ist daher heute ein integraler Bestandteil fast aller Veränderungsprojekte. Dahinter steckt die Erkenntnis, dass der Veränderungsbedarf und die

Herausforderungen in den Unternehmen so groß und vielfältig sind, dass sie in ihrer Gesamtheit weder zentral erfasst, noch durch eine top-down-Vorgehensweise befriedigt werden können. Lösungsorientierte Ansätze verlagern daher mehr Entscheidungsbefugnisse auf die operative Ebene. Zudem ist der Lern- und Entwicklungsbedarf bei den Mitgliedern der Organisation – aufgrund ihrer Biografie und Funktion in der Organisation – so verschieden, dass er mit zentral konzipierten Maßnahmen nur noch bedingt aufgegriffen werden kann.

Für die öffentliche Verwaltung bedeutet das ein Paradigmenwechsel. Die Sicherheit stabiler Strukturen, nur gelegentlich durch Projekte unterbrochen, um eine höhere Stufe zu erreichen, muss zu Gunsten einer flexiblen Organisation aufgegeben werden. Wenn die Gestaltung des Wandels als Daueraufgabe einer Organisation verstanden wird, ist die konsequente Nutzung von Projekt- und Multiprojektmanagement unabdingbar. Der Weg dahin erweist sich in der öffentlichen Verwaltung als herausfordernd und bedarf eines zielführenden und umfassenden Veränderungsmanagements.

Die Gründe für ein durchgängiges Multiprojektmanagement sind somit vielfältig und die damit verbundenen Erwartungen hoch. Es geht vor allem darum, umfassende Transparenz über die Projektlandschaft zu erhalten, Interdependenzen managen zu können und Ressourcen prioritätenbasiert einzusetzen.

## 2. Was sind die Erfolgsfaktoren und die Besonderheiten von Projekten in der öffentlichen Verwaltung auf Bundes-, Landes- und kommunaler Ebene?

Organisationen der öffentlichen Verwaltung weisen Besonderheiten gegenüber anderen Branchen auf. Diese sind historisch und durch die Aufgaben der öffentlichen Verwaltung begründet. Stellt man diese Besonderheiten der öffentlichen Verwaltung den Faktoren gegenüber, die Projekterfolge fördern, zeigen sich zum Teil wenig förderliche Rahmenbedingungen für die Durchführung von Projekten. Es ist jedoch die gegenwärtige Realität in der öffentlichen Verwaltung innerhalb der die Projekte durchgeführt werden und innerhalb der die Mitarbeiterinnen und Mitarbeiter Projekte umsetzen. Daher müssen diese Besonderheiten bei der Einführung und Anwendung von Projektmanagement in der öffentlichen Verwaltung berücksichtigt werden.

Das Spannungsfeld zwischen Besonderheiten der öffentlichen Verwaltung einerseits und Erfolgsfaktoren von Projekten andererseits erfordert entsprechende Berücksichtigung und Methodenauswahl, um die erfolgreiche Einführung und Durchführung von Multiprojektmanagement in der öffentlichen Verwaltung zu ermöglichen.

Bund, Länder und Kommunen weisen in Bezug auf Projekte überwiegend gemeinsame Charakteristika auf, sie unterscheiden sich lediglich in Einzelaspekten, die sich aus der föderalen Aufgabenteilung ergeben.

Eine großangelegte Studie zum Projektmanagement der Gesellschaft für Projektmanagement ergab 2013, dass der Anteil der Projektarbeit an der Gesamtarbeitszeit in der öffentlichen Verwaltung etwa 18 Prozent betrug, wogegen der Durchschnitt aller Branchen bei knapp 35 Prozent lag. Einige Jahre später zeigte sich, dass der stärkste Anstieg der Projektarbeit mit über 54 Prozent im Untersuchungszeitraum im öffentlichen Dienst zu verzeichnen war.

Neben der quantitativen Zunahme hat sich auch inhaltlich der Umgang mit Projektmanagement verbessert: Die Mehrzahl der Projekte (65 Prozent) der öffentlichen Verwaltung wurden erfolgreich durchgeführt. Dass der Branchendurchschnitt bei 72 Prozent lag, zeigt jedoch, dass weiteres Potential vorhanden ist (Quelle: GPM - Die Vermessung der Projektlandschaft).

Dies betrifft insbesondere Großprojekte. Eine Studie aus dem Jahr 2015 der Hertie School of Business hat 170 Großprojekte des öffentlichen Sektors in Deutschland untersucht und festgestellt, dass die Kostensteigerung bei bis zu 73 Prozent liegt. Die Gründe dafür sind vielfältig und reichen von unvorhergesehenen Änderungen der Projekttechnik über Interessenkonflikten bis zu „Über-Optimismus" (Quelle: Studie Großprojekte in Deutschland – Zwischen Ambition und Realität).

# Besonderheiten der öffentlichen Verwaltung

Projekte der öffentlichen Hand ähneln in vielen Merkmalen Projekten der übrigen Branchen. Es gibt allerdings wesentliche Merkmale, die sie unterscheiden.

## Nähe zur Politik

Die öffentliche Verwaltung ist an die Politik geknüpft. Die „Nähe zur Politik" hat vielfältige Auswirkungen auf Projekte, vor allem, wenn sich die strategische Ausrichtung über Legislaturperioden verändert. Insbesondere langlaufende Projekte spüren diese Auswirkungen deutlich, wenn neue Anforderungen gestellt werden, Projekte aus oder in den Fokus geraten, sobald sich die politischen Schwerpunkte ändern.

Zweifellos sind bevorstehende Wahlen ebenfalls ein Einflussfaktor für Projekte, die „noch schnell" oder eben nicht mehr umgesetzt werden sollen. Häufig werden für Projekte auch „politische Termine" gesetzt, wenn beispielsweise eine Ministerin oder ein Minister auf einer Pressekonferenz ankündigt, dass bestimmte Leistungen bis zu einem Termin verfügbar sein werden. Damit kann für die mit der Umsetzung beauftragten Fachabteilungen ein immenser Termindruck ausgelöst oder diese gar vor unlösbare Herausforderungen gestellt werden.

Projekte der öffentlichen Hand sind weiterhin dadurch gekennzeichnet, dass politische Themen wie Klimaschutz oder Gefahrenprävention kurzfristig sehr an Bedeutung und Dringlichkeit gewinnen können und somit die bisherigen Prioritäten verändern.

## Hierarchische Organisationsstrukturen

Verwaltungsstrukturen sind klassischerweise hierarchisch aufgebaut. Ausgehend von einer Behördenleitung werden die Organisationen demnach funktional und nach Fachgebieten strukturiert unterteilt. Die Hierarchie führt zu einer klaren Struktur innerhalb der Verwaltung. Daraus folgt, dass Behörden oft stark arbeitsteilig tätig sind und die Entscheidungen festen Dienstwegen und Verfahren folgen. In Projekten sind demgegenüber häufig teamorientierte Zusammenarbeit und kurze Kommunikationswege notwendig, um sich schnell und interdisziplinär abzustimmen und passende Ergebnisse zu erzielen.

## Hohe Funktionsorientierung und Spezialisierung

Die öffentliche Verwaltung ist in Ressorts, Referate, Dezernate, Ämter oder andere Organisationseinheiten gegliedert. Die Aufgliederung richtet sich nach Aufgaben und Spezialgebieten. Zuständigkeiten sind klar geregelt entsprechend der Funktionsorientierung. Interdisziplinäre Zusammenarbeit, wie sie in Projekten üblich ist, bedeutet stets auch eine Abstimmung zwischen unterschiedlichen Zuständigkeitsbereichen und erfordert damit erhöhten Zeitbedarf oder führt zu suboptimalen Lösungen („faule Kompromisse"). Für neue Aufgaben müssen zunächst die Zuständigkeiten definiert werden.

## Komplexes Netz aus Interessengruppen

Projekte der öffentlichen Hand weisen besonders viele Beteiligungsnotwendigkeiten, Betroffene, Freigabeinstanzen und sonstige Gruppen mit einem berechtigten Interesse auf. Dies ergibt sich aus dem Wesen der öffentlichen Verwaltung, die stets auch eine Schnittstelle zur Öffentlichkeit besitzt und etablierten Kontrollmechanismen unterliegt, um wirtschaftliches und rechtsgültiges Handeln zu sichern. Die Komplexität von Projekten steigt mit der Anzahl und Unterschiedlichkeit der Anspruchsberechtigten (Stakeholder). Die Stakeholderinteressen müssen bekannt und im Projektverlauf berücksichtigt werden, um Akzeptanz für das Projekt und dessen Ergebnis zu fördern.

## Zusammenarbeit mit anderen Behörden notwendig und oft schwierig

Projekte sind häufig durch interdisziplinäre Inhalte gekennzeichnet. So kann ein Vorhaben im Bereich Tierschutz beispielsweise Gesundheits-, Veterinär- und Bauämter betreffen. Ebenso kann eine Zusammenarbeit zwischen Bund und Ländern, etwa bei Forschungsprojekten oder zwischen Ländern und Kommunen, nötig sein, wie es bereits die im Grundgesetz realisierte föderale Ordnung vorsieht.

Sind weitere Behörden an einem Projekt beteiligt, so steigen die Anzahl der Stakeholder und die der Entscheidungswege.

## Politische Oppositionen

Die Ausrichtung der Organisationen der öffentlichen Verwaltung ist häufig an Legislaturperioden gekoppelt. So bestimmen nicht selten aktuelle Wahlergebnisse die politische Ausrichtung und die Besetzung von Ämtern. Damit verbunden ist stets auch eine oppositionelle Bewegung, deren programmatische Zielvorstellungen im Gegensatz zur aktuellen politischen Meinungsbildung stehen. Deshalb werden nicht nur aus sachlichen Gründen sondern auch aus dem politischen Diskurs heraus häufig Projekte hinterfragt und kritisiert, sowie mitunter behindert und in der Öffentlichkeit suggestiv dargestellt. Damit geraten viele Projekte ungewollt in den Diskurs um politische Macht und Einflussmöglichkeiten. Was vom Grundgedanken der Politik sinnvoll ist, kann im Falle von Projektarbeit verheerend sein, da sie im Einzelnen ausgebremst oder gar unmöglich in der Umsetzung werden.

## Vielzahl von Verwaltungsvorschriften

Das Handeln der öffentlichen Verwaltung erfolgt auf der Grundlage von Vorschriften und gesetzlichen Grundlagen. Gleichzeitig ist wirtschaftliches Handeln erforderlich, um Haushaltsvorgaben einzuhalten. Das Vergaberecht umfasst beispielsweise alle Regelungen und Vorschriften, die das Verfahren für die öffentliche Hand beim Einkauf von Gütern und Leistungen vorschreiben. Es wird dabei zwischen nationalen und EU-weiten Regelungen und Vergabevorschriften unterschieden, die aufgrund festgelegter Schwellenwerte angewendet werden. Hintergrund dieser Regelungen sind nachvollziehbare Forderungen nach Wirtschaftlichkeit und Sparsamkeit sowie Wettbewerb. Aus Projektsicht können die Ausschreibungspflichten der öffentlichen Verwaltung erheblichen Einfluss auf Projektdurchführungszeiten haben, da Ausschreibungsverfahren aufwändig, zeit- und wissensintensiv sind und nicht zuletzt vor späterer Anfechtbarkeit sicher sein müssen.

## Vorgegebene personelle Ressourcen

Weitere Mitarbeiterinnen und Mitarbeiter einzustellen, ist in Unternehmen der privaten Wirtschaft häufig leichter als in Organisationen der öffentlichen Verwaltung. Dort werden Ressourcen über langfristige Personalbemessungsplanungen gesteuert. Der zeitliche Abstand zwischen Stellenbemessungen beträgt zum Teil bis zu zehn Jahre. Gerade in den letzten Jahren haben jedoch zahlreiche Gesetzesänderungen und digitale Entwicklungen sowie der allgemeine Trend zur verstärkten Bürgerbeteiligung dazu geführt, dass der Aufwand bei der Bearbeitung einzelner Verwaltungsfälle gestiegen ist. Planstellen dürfen nur ausgebracht werden, soweit sie unter Anwendung angemessener Methoden der Personalbedarfsermittlung sachgerecht und nachvollziehbar begründet sind. Verschärfend kommt hinzu, dass eine Personalbedarfsermittlung nicht ohne vorhergehende oder mindestens begleitende Geschäftsprozessoptimierung durchgeführt werden soll. Ansonsten bestünde die Gefahr, dass organisatorische Mängel oder sonstige Schwachstellen festgeschrieben und weitergeführt würden. Damit würde dann nicht der wirkliche Bedarf ermittelt, sondern nur der für die Erledigung der Aufgabe nach den bisherigen Prozessen. Der Zusammenhang zeigt auf, wie aufwändig und langwierig sich die Beschaffung zusätzlicher personeller Ressourcen gestalten kann und interne Ressourcen nur über zusätzliche aufwändig zu beantragende Planstellen und externe Ressourcen über den oben beschriebenen Weg eines Ausschreibungsverfahrens erweitert werden können.

**Vorgegebene finanzielle Ressourcen**

Das ursprünglich rein kameralistische Haushalts- und Rechnungswesen der öffentlichen Verwaltung wurde in den letzten Jahrzehnten, insbesondere auf der kommunalen Ebene, durch doppische Elemente ergänzt oder abgelöst, so dass es ein breites Spektrum von Regelungen gibt.

Ihnen gemeinsam ist, dass die Sachmittel für Projekte mit langem zeitlichen Vorlauf begründet beantragt werden müssen und die

Mittel erst mit dem Haushaltsgesetz (Bund/Land) bzw. mit der Haushaltssatzung (Kommunalebene) verfügbar werden. Für die Haushaltsplanung ist die sogenannte Haushaltsreife erforderlich, die u. a. mit einer Wirtschaftlichkeitsbetrachtung zu belegen ist. Nach diesem Verfahren kann zwischen Beantragung und Verfügbarkeit der Sachmittel mehr als ein Jahr liegen. Insbesondere für kurzfristige sowie kleine und mittlere Projekte müssen benötigte Sachmittel daher im Rahmen des Haushaltsvollzugs durch Prioritätensetzung verfügbar gemacht werden. Mit entsprechender Kreativität kann die Organisation hierfür Vorsorge treffen, auch wenn die Haushaltsordnungen die Bildung von Puffern und Reserven in der Regel ausschließen.

## Fehlendes Projektmanagement-Fachwissen und Erfahrung

Die öffentliche Verwaltung ist im Vergleich zu anderen Branchen (wie Bau- oder IT-Branche) spät mit Projekten in Berührung gekommen, und zunächst war die Anzahl eher gering. Der massive Anstieg des Projektaufkommens lässt sich erst seit einigen Jahren beobachten. Demzufolge hat sich Projektmanagementwissen erst in den letzten Jahren aufgebaut. Dies wird zudem maßgeblich beeinflusst von handelnden Personen. Organisationen der öffentlichen Verwaltung, die einen starken Befürworter und Treiber, insbesondere auf der Führungsebene, für das Thema Projektmanagement haben, verbessern ihr Projektmanagement im Zeitverlauf systematisch und kontinuierlich.

## Leistungen und Output schwer messbar

Der öffentliche Dienst ist insgesamt darauf ausgerichtet, die Lebensbedingungen für jeden Einzelnen so gut wie möglich zu gestalten, für den Zusammenhalt der Gesellschaft zu sorgen und ihre Regeln zu stärken. Anders als bei der Entwicklung eines

Produktes oder bei Infrastrukturprojekten ist häufig schwer messbar, welche positiven Wirkungen beispielsweise durch ein neues Gesetzgebungsverfahren oder eine Prozessoptimierung erreicht werden konnten. Die Projektergebnisse sind daher oft weniger direkt messbar und entfalten erst mittelbar ihre Wirkung. Dies führt dazu, dass der Widerstand gegen Projekte häufig größer, aber auch der Nachweis ihrer Wirksamkeit schwieriger ist.

## Geringe Fehlertoleranz und demzufolge vorsichtige Entscheidungen

Die originäre Aufgabe der öffentlichen Verwaltung ist es, Stabilität zu gewährleisten und diese zu sichern. Fehler schwächen diese Stabilität. Daher sind Fehler im Rahmen der öffentlichen Verwaltung vom Grundgedanken her unerwünscht, da sie als destabilisierend und letztendlich schädlich angesehen werden. Die Denkweise, die sich mit der Entwicklung der „Wissensgesellschaft" gebildet hat, Fehler in Erfahrungen umzudeuten und darin einen Nutzen zu erkennen, liegt der öffentlichen Verwaltung größtenteils fern. Eine „Lessons-Learned-Kultur" etabliert sich nur zögerlich, weil retrospektive Betrachtungen noch verbreitet als „Suche nach den Schuldigen" missgedeutet werden.

Der Wunsch, Fehler zu vermeiden führt zwangsläufig zu genauer Prüfung und umfassender, zeitintensiver Analyse, bevor eine Entscheidung getroffen wird. Mitunter kann dies auch dazu führen, dass Verantwortungsübernahmen vermieden werden (Wer nichts macht, macht auch keine Fehler!). Daher werden in der öffentlichen Verwaltung tendenziell vorsichtigere Entscheidungen getroffen, nicht zuletzt zur Gewährleistung der

Rechtssicherheit. Projekte haben demgegenüber häufig einen experimentellen Charakter und sind dank ihrer Neuartigkeit stets mit Unsicherheiten und Risiken behaftet. Gerade das agile Projektmanagement stellt die Bedeutung des gemeinsamen Lernens und der Sinnhaftigkeit von „Fehlern" in den Vordergrund.

## Wenige Möglichkeiten für Anreize

Die Entlohnung innerhalb der öffentlichen Verwaltung ist durch das Besoldungs- und Tarifrecht geregelt. Die Möglichkeiten, monetäre Anreize zu setzen, sind demnach gering. Zwar sieht das Tarifrecht die einmalige Leistungsprämie, die ebenfalls einmalige, auf einem erzielten wirtschaftlichen Erfolg beruhende Erfolgsprämie, und die zeitlich befristete, widerrufliche und monatlich auszuzahlende Leistungszulage vor. Die Umsetzung stellt jedoch viele Organisationen vor eine Herausforderung. Projektkarrieren sind in den Beurteilungs- und Beförderungsregelungen nicht vorgesehen.

## Hohes mediales und öffentliches Interesse

In Projekten der öffentlichen Verwaltung werden Steuer- oder Fördergelder eingesetzt. Daher hat die Öffentlichkeit ein berechtigtes Interesse am Projektverlauf und dem Projektergebnis. Dies erzeugt im Gegensatz zu Projekten anderer Branchen per se erhöhten Druck, der mitunter durch die mediale Berichterstattung verstärkt, sowie häufig personenbezogen und einseitig fokussiert wird. Dies belastet viele Projekte, zusätzlich zu den inhaltlichen Herausforderungen.

# Erfolgsfaktoren Projekte

Der Erfolg von Projekten hängt von vielen Einflüssen ab. Sind sogenannte Erfolgsfaktoren erfüllt, wird es wahrscheinlicher, dass ein Projekt erfolgreich umgesetzt werden kann. Ein Garant für Projekterfolg sind sie selbstverständlich nicht. Zu den häufigsten Erfolgsfaktoren gehören:

1. Stabile und flexible Projektorganisation

2. Systematische Planung und Projektcontrolling

3. Unterstützung seitens der Führungskräfte

4. Etablierte Fehler- /Problemkultur

5. Karriereperspektive und Anreize

6. Stabile Prozesse

7. Projektmanagement-Qualifikation

8. Hohe Kommunikationsfähigkeit

9. Klare Ziele

10. Angemessene Methodik

11. konsequente Einbindung der Stakeholderinteressen

12. Kompetente Leitung und motivierte Mitarbeiter

13. Proaktives Risikomanagement

Stellt man die Erfolgsfaktoren des Projektmanagements den Besonderheiten der öffentlichen Verwaltung gegenüber, so zeigen sich stellenweise Reibungspunkte, die die Projektarbeit erschweren können.

Während als Erfolgsfaktoren des Projektmanagements z.B. flexible Projektorganisation, etablierte Fehlerkultur sowie klare Ziele genannt werden, ist die öffentliche Verwaltung überwiegend durch hierarchische Strukturen, ein komplexes Netz aus Interessengruppen und Zielen sowie häufig vorsichtiges Handeln bestimmt. Hohe Kommunikationsfähigkeit und Projektmanagement-Qualifikationen als Forderungen treffen auf vorgegebene Berichtswege und eine Branche, in der das Projektmanagement gerade erst etabliert wird.

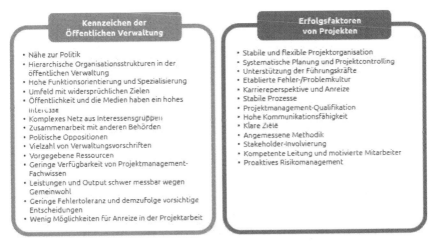

Abbildung 2: Übersicht der Kennzeichen der öffentlichen Verwaltung und Erfolgsfaktoren von Projekten

## Projekte von Bund, Ländern und in Kommunen

Wenn von Projekten der öffentlichen Verwaltung die Rede ist, verbirgt sich dahinter ein breites Spektrum von Projekten, die auf Bundesebene, in Ländern und Kommunen geplant und umgesetzt werden.

Die föderale Struktur unterteilt in die Bundesebene, die Länderebene, zu der auch die Stadtstaaten Berlin, Hamburg und

Bremen gehören sowie die kommunale Ebene mit ihren unterschiedlichen Ausprägungen wie Städte, Landkreise, Gemeinden.

Abbildung 3: Staatsstruktur Deutschland

Für Bund, Länder und Kommunen gelten die oben genannten Merkmale. Darüber hinaus weisen sie jeweils Besonderheiten auf, die in Projekten berücksichtigt werden müssen, unabhängig von der föderalen Aufgabenverteilung. Die föderale Aufgabenverteilung weist den Ebenen die vorrangigen Themen zu. Selbstverständlich berühren dabei die Themen, wie im Fall Gesundheit, mehrheitlich alle drei Ebenen.

| Bund | Länder | Kommunen |
|---|---|---|
| • Soziale Sicherung<br>• Verteidigung<br>• Auswärtiges<br>• Verkehrswesen<br>• Geldwesen<br>• Wirtschaftsför-<br>  derung<br>• Forschung | • Bildung<br>• Polizei<br>• Rechtspflege<br>• Gesundheit<br>• Geldwesen<br>• Kultur<br>• Wohnbau<br>• Steuern | • Wasser und Energie<br>• Müll und Kanalisation<br>• Baugenehmigungen<br>• Meldewesen<br>• Sozialhilfe<br>• Kindergärten<br>• Schulbau<br>• Grünanlagen<br>• ÖPNV |

Abbildung 4: Aufgabenverteilung Bund, Länder und Kommunen

## Projektmanagement in Kommunen

Unter Kommunen werden Landkreise, Gemeinden und Städte zusammengefasst. Ihr Aufgabenspektrum umfasst unter anderem die Wasser- und Energieversorgung, Müllabfuhr, Baugenehmigungen, Kindergärten, Schulbau sowie Grünanlagen und öffentlicher Nahverkehr. Im Vergleich zu Landes- und Bundesbehörden haben kommunale Projekte meist eine größere **Nähe zu Bürgerinnen und Bürgern.** Bereits in Planungs- und Umsetzungsphasen muss eine angemessene Beteiligung von Bürgerinnen und Bürgern erfolgen, um die Akzeptanz zu steigern.

Das Spektrum der kommunalen Projekte ist extrem groß und leitet sich zum einen aus Verpflichtungen ab und zum anderen können im freiwilligen Leistungsbereich theoretisch unendlich viele weitere Projekte durchgeführt werden, um die Lebensqualität bzw. das Gemeinwohl für Bürgerinnen und Bürger zu steigern. Die Projektinhalte reichen von Organisationsprojekten über IT-Projekte zu Kulturprojekten und beinhalten ebenso infrastrukturelle Projekte, wie etwa die Sanierung und den Bau von Schulen.

Die Projekte sind durch **Fachspezifika** gekennzeichnet. Darüber hinaus gibt es teilweise auch weitere Vorschriften wie beispielsweise die Honorarordnung für Architekten und Ingenieure (HOAI) die gewisse Phasen und Meilensteine für die Durchführung von Bauprojekten vorsieht. Ein gemeinsamer Standard für alle Projekte einer Kommune muss diese Fachspezifika berücksichtigen und dabei die überwiegenden Gemeinsamkeiten von Projekten in den Vordergrund stellen. Häufig werden Fachspezifika angeführt, um Projektmanagementstandards zu verhindern. Dabei sind letztendlich die Gemeinsamkeiten zwischen Projekten deutlich größer als die Unterschiede, die sich aus den Fachspezifika ergeben.

Die kommunale Verwaltung ist häufig in Form von Referaten oder Dezernaten organisiert. Ergänzt wird diese Struktur durch Eigenbetriebe (z.B. Entwässerungsbetriebe). Die Herausforderung besteht darin, die unterschiedlichen Projekte in den weitgehend eigenständig agierenden Einheiten „gesamtstädtisch" zu koordinieren und eine übergreifende Kooperation zu ermöglichen und zu gewährleisten.

Die Nähe zu Bürgerinnen und Bürgern führt dazu, dass Missstände schneller ersichtlich, aber die **Sichtbarkeit der Projektergebnisse** auch eingefordert werden. So sind neben Akzeptanz, die Legitimation und damit letztendlich die Wiederwahl ausschlaggebende Faktoren bei Entscheidungen. Die Sichtbarkeit von Projektergebnissen und damit verbundenen Verbesserungen geben häufig Ausschlag darüber, ob eine Wiederwahl gelingt oder nicht. Dabei engen Gesetze und Verordnungen den Entscheidungsspielraum und damit die Planungshoheit der

Kommunen ein. Die Gestaltungskraft ergibt sich jedoch nicht alleine aus der Fülle der staatlichen Aufgaben oder aus der Verfügbarkeit von Mitteln. Denn viele relevante Fragestellungen sind in der Verwaltungsstruktur nur schwer lösbar, da Probleme und ihre Behebung durch die hohe Spezialisierung kaum ganzheitlich mit all ihren Wechselwirkungen betrachtet werden können.

Die Priorisierung der Projekte und die Auswahl relevanter Projekte gestalten sich bei der Vielzahl der abzudeckenden Bereiche und Anforderungen als große Herausforderung. Bürgerbegehren können Prioritäten im neuen Licht erscheinen lassen. Demgegenüber sind direktdemokratische Verfahren auf der Bundesebene schwach ausgeprägt und äußern sich auf Landesebene durch Volksbegehren.

Kritisiert werden an der **Kommunalpolitik** mitunter isolierte Entscheidungen, losgelöst von Entscheidungen benachbarter Kommunen. Auch wenn aus Projektsicht die Abstimmung mit benachbarten Kommunen komplexitätssteigernd wirkt, kann das Projektergebnis von einem gemeinsamen Projektziel profitieren.

Wie alle Organe der öffentlichen Verwaltung ist die kommunale Politik durch **Wahlzyklen** bestimmt. Der hauptamtliche Bürgermeister oder Oberbürgermeister wird als hauptamtlicher Beamter auf Zeit für die Dauer von acht Jahren gewählt. Eine Dauer von acht Jahren ist ein vergleichsweise großzügiger zeitlicher Rahmen, innerhalb dessen Projekte umgesetzt werden können. Aber auch hier rufen personelle Wechsel Brüche in Projektzyklen hervor und das Ende einer Wahlperiode kann möglicherweise zu vorsichtigeren oder mit Blick auf die Öffentlichkeitswirksamkeit auf gezielte Entscheidungen hindeuten.

In einer Kommune erfolgen die Auswahl und Steuerung der gesamten Projekte durch gewählte Bürgermeisterinnen und Bürgermeister sowie den Stadtrat. Diese Aufgaben werden von dort an die Verwaltung verteilt. Dabei müssen entsprechende Entscheidungswege beachtet werden, was mitunter beträchtliche Zeiträume in Anspruch nimmt, da beispielsweise neben Entscheidungswegen auch **Sitzungshäufigkeiten und Gremientaktungen** berücksichtigt werden müssen.

## Projektmanagement auf Landesebene

Die deutschen Landesregierungen sind zuständig für Bereiche wie Schulen, Universitäten, Polizei, Rechtspflege, Gesundheitswesen, Kultur sowie Wohnungsbauförderung und Steuerverwaltung.

Ebenso wie auf Bundesebene sind auf Landesebene die Zuständigkeiten auf mehrere Ministerien verteilt. Die Landesregierung in Nordrhein-Westfalen umfasst beispielsweise insgesamt elf Ministerien. Zusammen mit der Staatskanzlei als Behörde des Ministerpräsidenten und dem Landesrechnungshof sind sie die obersten Landesbehörden.

Seitens der Länder gibt es zumeist umfangreiche Förderprogramme zur Förderung von Projekten etwa für Klimaschutzprojekte oder im Bereich Medien- und Kreativwirtschaft. Damit kommt den Landesministerien die Rolle zu, die Mittelverwendung und Projektergebnisse im Verlauf des Projektes aus einer **Auftraggeberrolle** heraus zu kontrollieren.

Innerhalb der einzelnen Ministerien und Unterbehörden werden zahlreiche Projekte umgesetzt. Als Beispiel lässt sich die Ausstattung der Polizei NRW mit Bodycams anführen. Das Landesamt für Zentrale Polizeiliche Dienste (LZPD NRW) schaffte für das Pilotprojekt mit Blick auf die Einsatztechnik und -taktik der

Polizei 200 Bodycams an und stattete fünf Behörden in NRW aus. Seit Mai 2019 testen Polizistinnen und Polizisten in NRW den Einsatz von Bodycams im täglichen Dienst. Auch der anstehende Strukturwandel im Rheinischen Braunkohle-Revier soll durch eine Vielzahl von Projekten realisiert werden. Insgesamt weisen die Landesprojekte eine **große thematische Bandbreite** auf.

Ähnlich wie die Abstimmung von benachbarten Kommunen kann auf Länderebene eine Abstimmung mit anderen Ländern notwendig sein.

Eine wesentliche Besonderheit von Ländern und ihren Projekten besteht in der „**Mittlerfunktion**" zwischen Bund und Kommunen. So können in beide Richtungen umfangreiche Abstimmungen notwendig sein, die das Netz der Stakeholder insgesamt deutlich erweitern.

## Projektmanagement in Bundesbehörden

Das Bestreben auf Bundesebene besteht darin, **gemeinsame und einheitliche Lösungen länderübergreifend** zu entwickeln. Hoheitliche Aufgaben des Bundes sind:

1. Soziale Sicherung

2. Verteidigung

3. Auswärtige Angelegenheiten

4. Verkehrswesen

5. Geldwesen

6. Wirtschaftsförderung

7. Forschung

Diese Aufgaben werden vom Auswärtigen Amt sowie derzeit dreizehn Ministerien als oberste Bundesbehörden wahrgenommen. Ministerien können in einem mehrstufigen Behördenaufbau Ober-, Mittel- und Unterbehörden zugeordnet sein, die den Auftraggeberkreis erweitern können, jedoch zumeist nicht rechtsfähig sind.

Vielfach werden öffentliche Aufgaben in ausgelagerten Eigenbetrieben, Stiftungen, Gesellschaften mit beschränkter Haftung oder Aktiengesellschaften wahrgenommen.

Die Bundesverwaltung ist eine komplexe Organisation mit **vielschichtigen Zuständigkeiten und Hierarchie-gebundener Umsetzungsdynamik.**

In Bundesministerien zeigt sich die Aufgabenteilung und Spezialisierung anhand von Referaten. Im Rahmen von Projekten ist eine referatsübergreifende Zusammenarbeit häufig notwendig, unterliegt aber den gleichen Herausforderungen, die sich insgesamt aus der hierarchischen Struktur sowie der starken Funktionsorientierung ergeben.

Auf Bundesebene werden gegenüber Ländern und Kommunen häufiger auch Projekte im Rahmen von **Öffentlich Privaten Partnerschaften** umgesetzt. So werden etwa 76 Prozent aller in Deutschland durchgeführten ÖPP-Projekte auf Bundesebene durchgeführt. Die übrigen ÖPP-Projekte verteilen sich gleichmäßig auf Länder und Kommunen. (Quelle: Statistisches Bundesamt)

# 3. Welche Formen von Multiprojektmanagement lassen sich unterscheiden?

Multiprojektmanagement beschreibt das Management einer Vielzahl von Einzelprojekten. Die Einzelprojekte können dabei Interdependenzen untereinander aufweisen oder auch unabhängig voneinander sein. In Organisationen, die eine große Anzahl von Projekten durchführen, ergeben sich häufig Wechselwirkungen und Synergien, die aus Einzelprojektsicht oft nicht erkennbar bzw. steuerbar sind. Beispiele sind etwa Ressourcenkonflikte sowie Zielkonflikte mit anderen Projekten oder mit der Linie sowie übergeordnete Stakeholdergruppen mit konkurrierenden Interessen bei miteinander verknüpften Projekten.

Die Lösung dieser Herausforderung ist eine übergeordnete **strategische Steuerung der Einzelprojekte** in Form eines Multiprojektmanagements. Sie stellt gleichzeitig einen wichtigen Schritt zur Professionalisierung des Projektmanagements in einer Organisation dar. So lassen sich Prioritäten festlegen und Transparenz erzeugen. Ein professionelles Projektmanagement stärkt damit insgesamt die Innovationskraft einer Organisation. **Undenkbares wird denkbar und dann erreichbar.**

Organisationsweites Projektmanagement kann mit einem pyramidenförmigen Aufbau beschrieben werden. Auf der unteren Ebene sind die einzelnen Projekte zu finden. Projekte können bei gemeinsamer strategischer Ausrichtung und, sofern sie Teil eines umfassenden strategischen Vorhabens sind, als Programme durchgeführt werden. Auf der Ebene „Programm Management" werden Projekte in Programmen gebündelt.

Die Aufgabe des Portfoliomanagements ist, darauf zu achten, dass Projekte und Programme durchgeführt werden, die dabei unterstützen, die Organisationsstrategie umzusetzen.

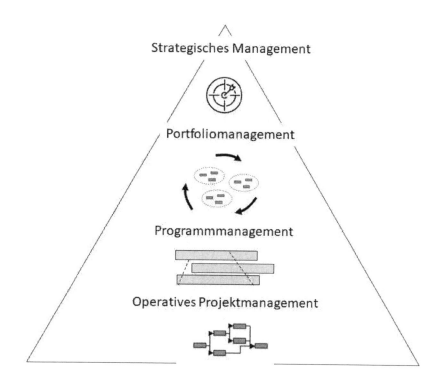

Abbildung 5: Organisationsweites Projektmanagement

Während die Methoden des (Einzel-)Projektmanagements vorrangig das einzelne Projekt und die Wechselwirkungen mit der Stammorganisation im Blick haben, rücken beim Multiprojektmanagement die Wechselwirkungen der Projekte untereinander in den Vordergrund. Wesentlich ist dabei, die vorhandenen Ressourcen zielgerichtet und effizient in Projekten einzusetzen.

## Programm Management

Programme, die mitunter auch als „Großprojekte" bezeichnet werden, umfassen viele Projekte, die einer gemeinsamen übergeordneten Zielsetzung dienen. Die strategische Bedeutung, Eigenständigkeit, Abgrenzung und der Innovationsgrad der Projekte geben einen Hinweis darauf, wann ein Programm sinnvoll sein könnte. Seidl verdeutlicht dies mit dem Beispiel des Apollo-Programms:

*„...so wird deutlich, dass sowohl die Entwicklung der Saturn-V-Trägerrakete als auch die Entwicklung des Mondmoduls als eigenständige Projekte gefasst werden können. Daneben sind infrastrukturelle Projekte wie die Erstellung der Abschussrampe notwendig. All diese Projekte dienen jedoch der übergreifenden strategischen Zielsetzung, Menschen erstmalig zum Mond und wieder zurück auf die Erde zu befördern."* Quelle: Seidl, Hüsselmann: Multiprojektmanagement und Best Practices

## Portfoliomanagement

Neben dem Programm Management ist das Portfoliomanagement die zweite Ausprägung des Multiprojektmanagements. Während das Programm Management mehrere inhaltlich voneinander abhängige Projekte auf eine übergeordnete Zielrichtung hin koordiniert, beschäftigt sich das Portfoliomanagement mit **allen** Projekten einer Organisation oder einer Organisationseinheit, unabhängig von Inhalten und Dauer der Projekte. Das Portfoliomanagement ist eine stetige Einrichtung, im Gegensatz zu einem Programm, das ebenso wie ein Projekt innerhalb eines definierten Zeitraums umgesetzt wird. Ein Portfolio wandelt sich stetig, je nachdem welche Projekte initiiert, fortgeführt und beendet werden. Das Portfoliomanagement ist demzufolge eine auf Dauer angelegte Tätigkeit.

Bei Projekten und Programmen mit einem definierten Ende geht es vorrangig darum, eine Leistung mit minimalem Aufwand zu erreichen. Dies wird als Minimierungsstrategie bezeichnet. Das Portfoliomanagement verfolgt demgegenüber eine **Maximierungsstrategie**. Dabei werden mit gegebenen Mittel möglichst viele Ziele bzw. ein möglichst hoher Zielerreichungsgrad angestrebt.

## Projektmanagement

Projektmanagement ist die Ausgangsbasis für Multiprojekt-management. Ohne systematisches Projektmanagement ist ein systematisches Multiprojektmanagement kaum erreichbar. Projektmanagement unterstützt mit Hilfe von Methoden und Vorgehensweisen die operative Umsetzung von Projekten, ausgerichtet an den Zielen der Organisation und gegebenenfalls als Teil eines größeren Vorhabens.

### Standardisierung und Professionalisierung im Projektmanagement

Um die Effekte des Projektmanagements durchgängig der

öffentlichen Verwaltung nutzbar zu machen, ist es zunächst notwendig, **zielgerichtet und langfristig Kompetenzen aufzubauen.** Je nach Größe und Bedeutung der Projekte wird eine Projektmanagementqualifizierung immer wichtiger. Sie ist der erste Schritt, um das Projektmanagement innerhalb einer Organisation zu verbessern.

Die **Einführung von Projektmanagement-Standards** hat dabei viele positive Wirkungen, vor allem wirkt sie ressourcenschonend. Nicht in jedem Projekt muss „das Rad neu erfunden" werden. Die durch Standards entwickelte gemeinsame Sprache erleichtert die Kommunikation. Zudem sind die Vorgehensweisen und Methoden erprobt und an Best Practices ausgerichtet.

Neben den internationalen Standards wie die der International Project Management Association und des Project Management Institutes nutzen Organisationen dabei mehrheitlich **an die eigenen Bedürfnisse angepasste Standards.** Diese orientieren sich meist an internationalen Standards ohne diese vollständig zu übernehmen.

Standardisiertes Projektmanagement ist die Basis für Multiprojektmanagement. Daher werden auf den nächsten Seiten, die Grundzüge des Projektmanagements vorgestellt und dabei drei Formen unterschieden: Klassisches, agiles und hybrides Projektmanagement.

## Klassisches Projektmanagement

Seit den Anfängen des Projektmanagements ist das Ziel einer Projektplanung, den Ausgangspunkt festzulegen, das gewünschte Ziel konkret zu beschreiben und den Weg zum Ziel detailliert zu planen. Dabei sollen potenzielle Schwierigkeiten vorhergesehen und nötige Ressourcen und Finanzmittel valide geschätzt werden. Dies bezeichnet man als „klassisches Projektmanagement".

Die Bezeichnung „klassisches Projektmanagement" entstand zur Abgrenzung von „agilem Projektmanagement". Das klassische Projektmanagement folgt dem Zyklus von Planung, Überwachung und Steuerung.

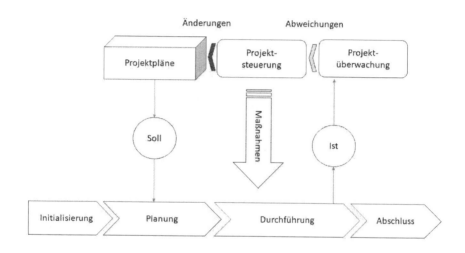

Abbildung 6: Regelkreis Projektmanagement

In der Planungsphase wird ein Projekt initial geplant. Diese Planwerte stellen das Soll des Projektes dar. Wird das Projekt durchgeführt, so werden Ist-Werte zu Budget, Leistung und Termineinhaltung erhoben. Die Aufgabe des Projektmanagements ist, die Soll- und Ist-Werte abzugleichen und bei Bedarf Abweichungen zu erkennen, zu bewerten und Lösungen zu entwickeln. Ist die Abweichung geringfügig, kann das Projekt im Projektverlauf durch steuernde Maßnahmen wieder auf den ursprünglich geplanten Weg gebracht werden. Bei größeren Abweichungen ist es häufig notwendig, den ursprünglichen Plan anzupassen.

Für die Planung eines Projektes hat sich als hilfreich erwiesen, in neun Schritten vorzugehen:

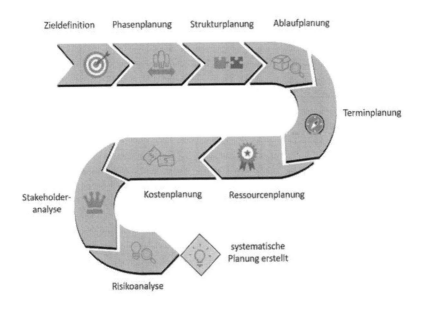

Abbildung 7: Die neun Schritte der Projektplanung

## Schritt 1

Im klassischen Projektmanagement startet ein Projekt mit einer **Zieldefinition**, die sich durch Rückkopplung mit dem Auftraggeber und im Planungsverlauf weiter verfeinert und konkretisiert.

## Schritt 2

Die darauffolgende **Phasenplanung** hat die Aufgabe, die Vielzahl der im Projekt zu erstellenden Ergebnisse Phasen zuzuordnen. Projektphasen strukturieren den Projektablauf grob und schaffen damit einen ersten Überblick.

## Schritt 3

Die darauf aufbauende **Strukturplanung** gliedert ein Projekt in Teilprojekte und diese in Arbeitspakete. Die Frage, die der Strukturplanung zugrunde liegt ist, WAS gehört zum Projektumfang? Die Strukturplanung hat den Zweck, sich einen konkreten Überblick über den Projektinhalt zu verschaffen. Mit der Strukturplanung wird der Projektinhalt feiner strukturiert und dadurch die Komplexität reduziert. Eine klassische Vorgehensweise ist, den Projektinhalt zunächst in Teilprojekte zu zerlegen und diese nachfolgend in Arbeitspakete. Bewährt hat sich aber auch, zunächst alle Arbeitspakete vollständig zu sammeln und diese danach zu geeigneten Teilprojekten zu ordnen. Bei einem überschaubaren Projekt untergliedert man den Projektinhalt meist direkt in Arbeitspakete. Um ein Arbeitspaket abzuarbeiten, werden eine Reihe von Aktivitäten bzw. Vorgängen umgesetzt und abgeschlossen. Sehr umfangreiche Projekte benötigen gegebenenfalls noch eine Ebene mehr und die Arbeitspakete werden in Unterarbeitspakete aufgeteilt. Die Arbeitspakete werden einem Mitarbeiter oder einer Mitarbeiterin des Projektteams verantwortlich zugewiesen und gemeinsam eine Arbeitspaketbeschreibung erstellt.

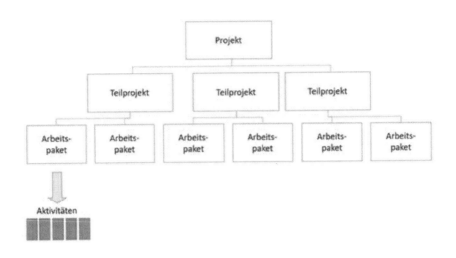

Abbildung 8: Projektstrukturplan

Nach der Strukturplanung werden die Abläufe und Reihenfolgen im Projekt geplant.

## Schritt 4

Die **Ablaufplanung** hat die Aufgabe, alle Arbeitspakete bzw. Aktivitäten in eine Reihenfolge zu bringen. Dabei können Projektteile nacheinander oder parallel durchgeführt werden.

Die Ablaufplanung kann grafisch skizziert oder als Liste abgebildet werden. Wichtig ist, in dieser Phase einen Überblick über die sachlogischen Zusammenhänge des Projektes zu erhalten.

Abbildung 9: Beispiel Ablaufdiagramm

Eine tabellarische Ablaufplanung, die leicht in üblicher Office-Software erstellt werden kann, bildet den gleichen Inhalt über Vorgänger-/Nachfolgerbeziehungen wie folgt ab:

| Nummer | Arbeitspaket | Vorgänger | Nachfolger |
|--------|--------------|-----------|------------|
|        | ...          | ...       | Arbeitspaket 1 |
| 1      | Arbeitspaket 1 | ...     | Arbeitspaket 2 |
| 2      | Arbeitspaket 2 | Arbeitspaket 1 | Arbeitspaket 3 |
| 3      | Arbeitspaket 3 | Arbeitspaket 2 | Arbeitspaket 4 |
| 4      | Arbeitspaket 4 | Arbeitspaket 3 | ... |
|        | ...          | ...       | ... |

Abbildung 10: Ablaufplanung Tabelle

## Schritt 5

Der Ablauf eines Projektes ist durch Termine beeinflusst. Möglicherweise stehen der Anfangstermin oder der Endtermin fest. Vielleicht sind auch Zwischentermine festgelegt („bei der Leitungsrunde soll ein erster Entwurf präsentiert werden.").

Bei der **Terminplanung** wird aufbauend auf der Struktur des Projektes geschätzt, wie lange die Bearbeitung jedes Arbeitspaketes in Anspruch nimmt. Danach kann vom Starttermin aus hochgerechnet werden, wann das Projekt frühestmöglich abgeschlossen sein kann. Wenn nur der Endtermin feststeht, wird der Anfangstermin rückwärts berechnet.

Die Ergebnisse werden in einer Terminliste festgehalten.

| AP- | Arbeitspak | Verantwortlicher | Dauer | Start | Ende | Status |
|-----|------------|------------------|-------|-------|------|--------|

| Nummer | etname | | | | | |
|--------|--------|--|--|--|--|--|
|  |  |  |  |  |  |  |
|  |  |  |  |  |  |  |

Abbildung 11: Terminliste

## Schritt 6

Auf die Terminplanung folgt die **Ressourcenplanung**, die festlegt, welche Ressourcenarten (wie Personal und Material) mit welchen Eigenschaften oder Fähigkeiten benötigt werden, um das Projekt bestmöglich durchzuführen.

Die benötigten Ressourcen werden in einer Tabelle aufgelistet und den Arbeitspaketen zugeordnet.

| Nummer | Arbeitspaket name | Ressource | Ressourcenqualität | Ressourcen menge |
|--------|-------------------|-----------|--------------------|------------------|
| 1 | Logoerstellung | Agentur | mit Referenzen aus der Branche | 1 |
|  |  |  |  |  |

Abbildung 12: Beispiel Ressourcenübersicht

## Schritt 7

Die **Kostenplanung** baut auf der Ressourcenplanung auf. Ressourcenweise werden dafür die jeweiligen Kosten geschätzt. Die wenigsten Kosten entstehen am Anfang. Daher ist es für die Ressourcengeber hilfreich, den Mittelbedarf über die Zeit zu planen.

## Schritt 8

Ein Projekt bringt üblicherweise neuartige Ergebnisse hervor. Ob diese vollumfänglich erreicht werden, unterliegt meist Risiken. Diese Konstellation zusammen mit mehreren unmittelbar am Projekt Beteiligten führt zu vielen unterschiedlichen Interessengruppen innerhalb eines Projektes. Von vielen wird die gelungene Einbindung von Interessengruppen, den sogenannten **Stakeholdern** und deren **Management**, als einer der wichtigsten Erfolgsfaktoren bezeichnet. Stakeholder sind diejenigen, die ein berechtigtes Interesse am Verlauf des Projektes oder am Projektergebnis haben. Stakeholder können Befürworter (Promotoren) oder Gegner (Opponenten) des Projektes sein. Die Öffentlichkeit ist bei Projekten der öffentlichen Hand immer ein Stakeholder. Zu Beginn des Projektes geht es zunächst darum, die Stakeholder zu identifizieren. Dazu wird häufig mit mehreren Projektbeteiligten ein Brainstorming durchgeführt, dessen Ergebnis eine Liste von Stakeholdern ist. Im nächsten Schritt werden die Stakeholder analysiert.

| Stakeholder | Haltung + +/- - | Erwartungen / Befürchtungen | Einfluss 1-5 | Maßnahmen |
|---|---|---|---|---|
| Referatsleitung | + | Entwicklung eines zukunftsfähigen Konzeptes Entlastung der Beschäftigten | 5 | regelmäßige Statusberich-te |
| IT-Abteilung | +/- | zusätzlicher Aufwand für Erstellung zukünftig geringerer Aufwand | 4 | Einbeziehung in Projekt-planung |

| Marketingabtei lung | +/- | zusätzlicher Aufwand für die Erstellung von Inhalten zukünftig weiteren Kommunika-tionskanal für Öffentlichkeits-arbeit | 4 | Einbeziehung in Projekt-planung |
|---|---|---|---|---|
| Bürgerinnen und Bürger | | einfacherer Zugang zu Behörden-dienstleistun-gen umfassende Informationen Lernaufwand und technische Unsicherheiten | 3 | Nutzergrup-pen etablieren und frühzeitig einbinden in Tests und Feedbacks |

Abbildung 13: Stakeholderliste

Dazu gehört zunächst die grundsätzliche Einteilung in Befürworter, Gegner oder dem Projekt gegenüber neutral eingestellte Interessengruppen. Die Stakeholder können weiter nach ihrem Einfluss bewertet werden. Dieser kann hoch oder gering ausgeprägt sein.

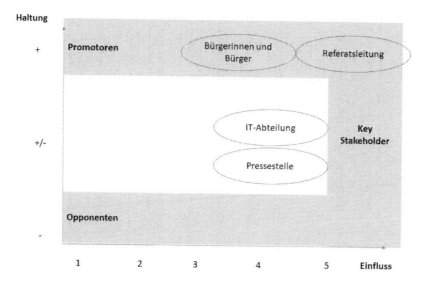

Abbildung 14: Beispiel Stakeholderportfolio

Stakeholder werden in mehrere Gruppen eingeteilt:

- Opponenten sind dem Projekt gegenüber negativ eingestellt und können einen hohen oder geringen Einfluss haben.

- Promotoren sind dem Projekt gegenüber positiv eingestellt und können einen hohen oder geringen Einfluss haben.

- Key Stakeholder haben einen hohen Einfluss und können dem Projekt gegenüber positiv oder negativ eingestellt sein.

Im besten Fall werden für alle Stakeholder Maßnahmen geplant. Wenigstens jedoch müssen Maßnahmen für die Key Stakeholder eingeplant werden. Bei den Promotoren erhofft man sich eine Förderung des Projektverlaufs. Daher sollten sie gegebenenfalls in die Projektlenkung oder als Kommunikatoren eingebunden werden. Die Opponenten sollen mit geeigneten Maßnahmen idealerweise von der Sinnhaftigkeit des Projektes überzeugt werden. Es gilt, ihre Ablehnung zu verstehen, dieser zu begegnen und im besten Fall, die Gegner zu Befürwortern zu machen.

Aus der Stakeholderanalyse entsteht eine Tabelle, die sogenannte Stakeholderliste. In diese Tabelle werden die Maßnahmen eingetragen. Die definierten Maßnahmen gehen wiederum in die Projektplanung ein. Sie lassen sich zum Beispiel zu Arbeitspaketen bündeln, die eingeplant werden müssen. Das heißt, diese werden in die Strukturplanung eingefügt, in den Ablauf integriert, es werden Termine und gegebenenfalls Ressourcen und Kosten eingeplant.

## Schritt 9

**Risiken** sind potenzielle Bedrohungen für den Projektfortschritt. Ihnen ist eigen, dass sie ungewiss sind. Es ist nicht klar, ob sie eintreten werden und es ist meist nicht exakt bestimmbar, wie groß die Auswirkungen sein werden. Um alle möglichen drohenden Risiken eines Projektes identifizieren zu können, ist eine „pessimistische Haltung" notwendig. Nur so lässt sich die Frage „Was kann alles schiefgehen?" umfassend beantworten. Die Antwort ergibt eine Liste von Risiken, die auf Folgen, Eintrittswahrscheinlichkeit und Stärke der Auswirkungen auf den Projekterfolg untersucht werden.

Die erste Frage zielt auf die Folge ab, wenn dieses Risiko eintritt. Danach stellt sich die Frage „Wie wahrscheinlich ist der Eintritt dieses Risikos?" und „wie gravierend sind die Auswirkungen?" Mit diesen Angaben ergibt sich eine Risikotabelle, auch Risikoliste oder Risikoregister genannt, deren Grundstruktur mit einem exemplarischen Risiko wie folgt aussieht:

| Risiko titel | Folge | Wahr- schein- lich- keit in % | Aus wir- kung 1-5 | Brutto- kosten | Netto- kosten | Maß- nahmen | Maßnah- men- kosten |
|---|---|---|---|---|---|---|---|
| Agen- tur- ent- wurf ver- spätet | Umset -zung startet später, End- termin gefähr- det | 15% | 3 | 10.000 wegen Vor- halten ex- terner Res- sourcen | 1.500 (Brutto - kosten * Wahr- schein- lichkeit ) | regel- mäßige Status- situngen gemein- same Verein- barung von Meilen- steinen | im Rahmen des Stake- holder- manage- ments abge- deckt |

Abbildung 15: Beispiel Risikoliste

Das Bruttorisiko umfasst die Kosten, die bei Eintritt des Risikos entstehen. Beim Nettorisiko werden diese mit der Wahrscheinlichkeit multipliziert. Beim Nettorisiko handelt es sich um eine kalkulatorische Größe. Das Nettorisiko gibt Hinweise darauf, ob Maßnahmen zur Vermeidung eines Risikos ergriffen werden sollten oder nicht.

Grundsätzlich gibt es fünf Möglichkeiten, mit Risiken umzugehen:

1. die Eintrittswahrscheinlichkeit minimieren

2. die Auswirkungen minimieren

3. das Risiko eliminieren

4. das Risiko delegieren, z.B. versichern

5. das Risiko tolerieren, z.B. Rückstellungen bilden

Mit diesen **neun Schritten** wird ein Projekt systematisch geplant. An den Erläuterungen ist bereits erkennbar, dass diese Schritte nicht streng seriell abzuarbeiten sind, sondern dass es Rückkopplungen geben kann. Es empfiehlt sich außerdem, diese Schritte mit den Mitgliedern des Projektteams gemeinsam durchzuführen. Das erweitert nicht nur die Perspektiven, sondern bildet zu einem frühen Zeitpunkt im Projektteam ein gemeinsames Verständnis für die Aufgaben und das Vorgehen. Zudem wirkt diese aktive Teilhabe sehr positiv auf die Motivation. Nach der Planungsphase folgt in klassischen Projekten die Durchführungsphase.

Während der Projektdurchführung ist es die Aufgabe des klassischen Projektmanagements, laufend Daten zu erheben und diese mit den Plandaten abzugleichen. Ein Projektcontrolling kann in differenzierte Key Performance Indicators (KPI) münden. Im einfachsten Fall und als Ausgangspunkt sollte es einen Soll-Ist-Vergleich umfassen.

Den Projektverlauf zu dokumentieren ist aus zwei Gründen wichtig. Zum einen entsteht im Laufe des Projektes ein Ergebnis, ein Produkt, eine Dienstleitung oder eine organisatorische Änderung. Eine Vielzahl von Schritten und Entscheidungen führt zu diesem Ergebnis. Ist das Projekt abgeschlossen, geht das Ergebnis „in den Betrieb". Das neue IT-System wird eingeführt, die entwickelte Dienstleitung wird den Kunden angeboten und die

Organisation wird nach dem neuen Konzept umstrukturiert. Nach einiger Zeit ist häufig nicht mehr bekannt, warum bestimmte Entscheidungen getroffen wurden oder warum eine Produktentwicklung genau in dieser Art und Weise erfolgt ist. Dem folgen oft Recherchen oder vage Annahmen. Den Projektverlauf zu dokumentieren hat den weiteren Effekt, dass aus Projekten Erkenntnisse hervorgehen, die sich auf nachfolgende Projekte übertragen lassen. Die Lernkurve eines Unternehmens steigt mit der Dokumentation des Projektverlaufs. Insgesamt systematisiert sich so das unternehmensweite Wissensmanagement. Zwar stellte bereits Max Weber „Schriftlichkeit und Aktenkundigkeit der Verwaltung" als Bürokratiemerkmale fest. Bei der herkömmlichen Aktenführung sind die Schritte und Entscheidungen zwar dokumentiert, aber doch häufig in Unmengen von Dokumenten „verborgen" und damit kaum erschließbar; vielleicht noch von Projektbeteiligten, aber kaum von Dritten. Daher muss die Form der **Projektdokumentation gezielt als Projektstandard** vorgegeben werden, um die benannten Dokumentationsziele Entscheidungs-dokumentation und Knowhow-Transfer zu erreichen.

Diese klassische Vorgehensweise führt, richtig und vollständig angewandt, zu einem transparenten oder guten Gesamtüberblick bei Projekten, schränkt allerdings die Flexibilität und schnelle Reaktionsfähigkeit ein. Häufig ist es bei Projekten nicht möglich, zu Beginn des Projektes alle Anforderungen und Ziele vollständig zu erfassen. Die Anpassung des Ziels stellt für das klassische Projektmanagement ein Problem dar, wird aber in der Praxis häufig als Notmaßnahme gegenüber der Alternative Projektabbruch gewählt. Das agile Projektmanagement macht aus dieser Not eine Tugend und berücksichtigt unklare Zielstellungen methodisch.

## Agiles Projektmanagement

Agile Projektmanagementmethoden dienen als flexibler Standard und schaffen mit einer Kombination aus Handlungsspielraum und Leitfäden genau die Anpassungsfähigkeit, die im klassischen Projektmanagement mitunter fehlt.

Typisch für agiles Projektmanagement ist, sich dem Ziel in Iterationen anzunähern. Durch jede Iteration entsteht dabei eine **Version des Ergebnisses**. Zu Beginn des Projektes wird ein Zielraum beschrieben, der im Verlauf des Projektes kleiner wird, da Lösungsoptionen entweder verworfen oder weiter verfolgt werden. Dadurch nimmt die Unschärfe im Projektverlauf ab.

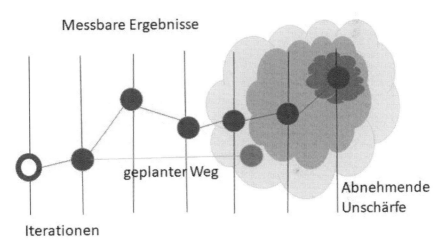

Abbildung 16: Grundidee des agilen Projektmanagements

Agile Projektmanagementmethoden treffen in der öffentlichen Verwaltung auf Anforderungen wie Haushaltsplanungen, Ausschreibungspflichten und Berichtsanforderungen übergeordneter Behörden. Das erscheint zunächst unvereinbar. Dennoch ist der Anwendungsbereich von agilen Projektmanagementmethoden groß und der Nutzen vielfältig.

- Die Qualität der Ergebnisse wird in kurzen Zyklen überprüft und steigt damit insgesamt.

- Eine enge Zusammenarbeit zwischen Auftragnehmer und Auftraggeber ist auf allen Projektebenen und im Hinblick auf die Entscheidungsgremien möglich.

- Entscheidungen werden an den Stellen getroffen, die über die größte Kompetenz verfügen und mit dem Ergebnis umgehen oder dieses verantworten müssen.

- Der Fortschritt wird über Versionen nachvollziehbar entwickelt.

- Innerhalb der definierten Rahmenbedingungen können Lösungen kreativ und spezialisiert erstellt werden.

- Das iterative Vorgehen mit bewussten statt unbewussten Unschärfen bei gleichzeitig klaren Prioritäten bringt Sicherheit für alle Beteiligten.

- Eine einheitliche, transparente, zielgerichtete und verlässliche Steuerung und Bewertung ist gesamtheitlich möglich.

Im Gegensatz zum klassischen Projektmanagement, bei dem Änderungen als „Störungen" gelten, sind Änderungen im agilen Projektmanagement willkommen, da sie helfen, die Anforderungen des Auftraggebers besser zu verstehen und umzusetzen.

Das agile Projektmanagement hat viele unterschiedliche Methoden hervorgebracht. Eine der am häufigsten eingesetzten Methoden ist „Scrum".

## Hybrides Projektmanagement

Hybrides Projektmanagement basiert auf dem klassischen Projektmanagement und integriert agile Projektmanagementelemente. Dabei steht Hybrid allgemein für eine Kombination von unterschiedlichen Ansätzen. Bei hybriden Fahrzeugen werden zwei Antriebsarten miteinander kombiniert. Ein Zentaur ist ein Hybrid aus Vogel und Löwe.

Hybrides Projektmanagement bietet sich in drei Fällen an, wenn

1. eine Organisation agile Elemente auf dem Weg zur vollständigen Agilität ausprobieren und das klassische Projektmanagement um diese erweitern möchte

2. ein Projekt dem Inhalt nach agil durchgeführt werden könnte, organisatorische Anforderungen jedoch klassische Dokumentation, Planung und Controlling erfordern

3. ein Projekt unterschiedliche Leistungsteile umfasst, wobei die einen agil und die anderen klassisch durchgeführt werden

Überwiegend wird aktuell unter hybridem Projektmanagement die Kombination von Elementen (Methoden, Rollen, Prozessen und Phasen) des klassischen und agilen Projektmanagements verstanden, um die positiven Effekte beider Ansätze nutzen zu können. So können einzelne Projektphasen oder Teilprojekte beispielsweise klassisch über ein Wasserfallmodell abgewickelt und später mit der agilen Methode „Scrum" fortgesetzt werden. Oder es werden nur einzelne Werkzeuge einer Methode übernommen, wie zum Beispiel das Kanban Board. Eine feste Vorgehensweise oder Strukturierung gibt es beim hybriden Projektmanagement nicht. Es wird das übernommen, was vorteilhafter für die jeweilige Projektphase ist.

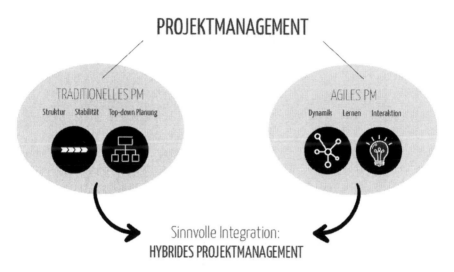

Abbildung 17: Hybrides Projektmanagement

Das klassische Projektmanagement wird beibehalten und bildet den Rahmen. Dadurch wird die nötige Stabilität und Sicherheit gewährleistet. Die Integration von agilen Elementen in der Steuerungsphase des klassischen Projektmanagements gibt zusätzliche Flexibilität und die Möglichkeit, auf sich schnell ändernde Anforderungen zu reagieren.

Vorteilhaft ist es häufig, **Projekte der öffentlichen Verwaltung in ihrer Gesamtheit klassisch zu steuern, während die Entwicklungsarbeit in der Steuerungsphase des klassischen**

**Projektmanagements durch den Einsatz agiler Methoden optimiert und flexibler gestaltet** werden kann.

Auch wenn Unternehmen das Ziel verfolgen, agile Methoden in reiner Form zu nutzen, ist dies nicht für jede Organisation umsetzbar. Das Projektmanagement ist häufig an Rahmenbedingungen gebunden wie z. B. Haushaltsplanung und Budgetierung oder verpflichtende Konkretisierung von Projektzielen für Antrags- oder Mittelfreigaben. Daher gibt es viele Gründe, die für hybrides Projektmanagement sprechen.

Mitunter stellen agile Methoden wegen der vielen und umfassenden Änderungen zu hohe Anforderungen an den Auftraggeber, den Partner oder den Anwender dar. Oder es besteht die Erwartung, dass Veränderungen moderat und wohldosiert umgesetzt werden sollten. Verbunden mit dem Einsatz von agilen Elementen ist stets die Erwartung, das Projektmanagement agiler, kundenorientierter und treffsicherer in Bezug auf die Projektanforderungen zu gestalten. Das klassische Projektmanagement überzeugt dabei mit Struktur, Stabilität und einer Top-Down-Planung. Während die Dynamik, die Lerneffekte und die Interaktion die Vorteile des agilen Projektmanagements darstellen. Ziel ist es, die Stabilität des klassischen Projektmanagements mit den dynamischen, innovationsfördernden Methoden des agilen Projektmanagement zu verbinden.

# 4. Was sind die Besonderheiten des Großprojektmanagements - Programm Managements und welche Methoden berücksichtigen diese?

Die Anzahl von Großprojekten nimmt weltweit stetig zu. In der Regel sind große Konzerne oder öffentliche Einrichtungen Träger von Projekten dieser Größenordnung. Großprojekte sind nicht nur "große Projekte", die mit den Methoden des Projektmanagements aufgesetzt, geplant, gesteuert und erfolgreich umgesetzt werden können. Großprojekte weisen eine Komplexität auf, bei der der 'Umfang' nur eine der wesentlichen Dimensionen ist. Deshalb setzt sich zunehmend der Begriff **"Programm" für Vorhaben mit besonderer Größe und Komplexität** durch.

Ein Programm setzt sich aus einer Menge von miteinander in Beziehung stehenden Projekten zusammen, deren jeweiliger Zweck es ist, einen Programmbeitrag zu erbringen. Sind alle Programmbeiträge erbracht, ist das Programmziel erreicht.

Programme kommen zum Einsatz, wenn eine **strategische Neuausrichtung in Form von vielen zusammenhängenden Projekten** umgesetzt wird, wie zum Beispiel die Digitalisierung einer Kommune mit vielen einzelnen Digitalisierungsprojekten. Ebenso werden **große innovative und komplexe Vorhaben** in

Form von Programmen umgesetzt. Dies geschieht vor allem dann, wenn die Teilleistungen sehr heterogen sind.

**Für Programme gilt: Das Ganze ist mehr als die Summe seiner Teile.**

## Besonderheiten von Programmen

Die Eigenschaften eines Programms ähneln denen eines Projektes. Programme sind zeitlich begrenzt und einmalig sowie um eine strategische Ausrichtung ergänzt. Die strategischen Ziele sind durch eine Menge von Projekten eng miteinander gekoppelt. Ein Programm wird koordiniert durch eine vernetzte Planung, organisatorische Regeln, eine gemeinsame Kultur und eine abgestimmte Kommunikation. Im Vordergrund steht, das strategische Ziel durch die Koordination von Maßnahmen und Projekten zu erreichen. Dadurch entstehen weitere über Projektaspekte hinausgehende Erfolgsfaktoren, sowie zusätzliche Risiken und weitere strategische Herausforderungen.

Programme zeichnen sich durch folgende Merkmale aus:

- Die Projektarten innerhalb des Programms sind unterschiedlich.

- Sie sind integriert angelegt und müssen zu einem definierten Zeitpunkt ihren Beitrag zum Programmziel leisten.

- Zwischen den beteiligten Projekten bestehen vielfältige Beziehungen, die koordiniert werden müssen. Die Schnittstellen der verschiedenen Projekte müssen daher aufeinander abgestimmt sein.

- Durch den Umfang sind Programme von besonderer oder gar existenzieller Bedeutung für eine Organisation und strategisch somit extrem wichtig.

- Viele Projektleitungen wirken an Programmen mit, dadurch ist gezieltes Informationsmanagement unabdingbar, um die Abstimmungen zwischen den Projekten zu erzielen.

- Ein Programm ist durch den Mehrwert, der durch die Koordination entsteht, mehr als die Summe seiner Projekte

Aus diesen Merkmalen resultieren hohe Anforderungen an die Komplexitätsbeherrschung, die das Programm Management leisten muss.

Insgesamt ist "Komplexität" das herausragende Merkmal von Programmen. Komplexität ist gekennzeichnet durch drei Merkmale:

- hohe Anzahl von Projekten

- heterogene Projekte

- vielfältige Wechselbeziehungen zwischen den Projekten.

Die meist komplexe und langwierige Umsetzung eines Programms erfolgt durch eine Vielzahl von aufeinander abgestimmten Projekten, deren Gliederung, Vorplanung und Ausgestaltung die Aufgaben des Programm Managements sind.

Durch die Komplexität und den Innovationsgrad ergeben sich meist weitreichende Anforderungen bei der Planung und

Umsetzung. Die Ungewissheit im Hinblick auf Dauer und Umsetzbarkeit einzelner Projekte macht es notwendig, eine **auf Programmebene weniger detaillierte, aber flexiblere Planung** durchzuführen. In einem Programm wirken sich Projektrisiken und Probleme durch die starke Vernetzung der Projekte gegebenenfalls auf andere Projekte aus und müssen übergreifend gemanagt werden. Daher rücken generell die Schnittstellen zwischen den Projekten bei der Planung und Umsetzung besonders in den Fokus. Schnittstellen sind Übergabepunkte zu Informationen oder Leistungen zwischen Projekten.

## Ziel des Programm Managements

Das wesentliche Ziel der Methoden des Programm Managements ist, Komplexität zu reduzieren. Dies erfolgt auf unterschiedliche Weise und setzt jeweils an den Merkmalen von Komplexität an.

Hierfür reichen die Methoden des Projektmanagements nicht aus. Vielmehr sind **eigene spezifische Methoden für die Planung, die Überwachung und die Steuerung von Programmen** notwendig, da für Programme eigene, von Projekten und Projektportfolios abweichende Regeln gelten. Denn Projektmanagementmethoden berücksichtigen nicht die Eigenständigkeit und die Wechselwirkungen. Im Portfolioansatz liegt keine Zielidentität der Projekte vor. Vielmehr verfolgt jedes Projekt ein individuelles Sachziel, um dem Unternehmensziel zu entsprechen. Herausragendes Charakteristikum eines Programms ist, dass – unabhängig von der Vielzahl der zu einem Programm zusammengefassten Projekte – alle einem gemeinsamen Ergebnis dienen.

## Heterogenität

Eine wesentliche Herausforderung im Rahmen von Programmen stellt die Heterogenität der Projekte dar. Per se sind Projekte heterogen bezüglich ihrer Inhalte. Sie sind aber auch verschiedenartig hinsichtlich ihrer Dauer, Relevanz oder der angewandten Methoden. Die Tatsache, dass die Projekte heterogen sind, bildet bei Programmen eine Herausforderung hinsichtlich der Vergleichbarkeit von Projekten und deren Management in der Summe unter Berücksichtigung der Spezifika. Gleichwohl weisen Projekte eines Programms Gemeinsamkeiten auf, die auf Programmebene zur Nutzung von Synergien „vor die Klammer gezogen" werden können (z. B. Programm-/Projekt-Marketing oder Veränderungsmanagement).

## Interdependenzen

Die Projekte innerhalb von Programmen weisen meist vielfältige Verbindungen untereinander auf. Dies kann Themen von der Bereitstellung von Informationen bis hin zu technischen Zulieferungen umfassen. Interdependenzen treten dabei nicht nur im positiven Sinn auf, sondern bergen auch Risiken. Negative Effekte haben hier Folgewirkungen auf andere Projekte.

## Rollen und Gremien des Programm Managements

Analog zum Projektmanagement trägt das **Programm Management** die Gesamtverantwortung für die Programme. Es koordiniert Projekte aus unterschiedlichen Unternehmens-bereichen und bindet Zulieferprojekte und gegebenenfalls Mitwirkungen des Auftraggebers in das Programm ein. Es steuert die Projekte im Konfliktfall und bewertet sowohl die Teilergebnisse der Projekte als auch die Programmergebnisse sowie ihren Fortschrittsgrad.

Der Schwerpunkt des Programm Managements liegt auf der Gesamtplanung sowie der Definition und Kontrolle der Ziele des Programms. Hierzu übernimmt es oft eine ausgeprägte Schnittstellenfunktion zwischen verschiedenen Bereichen des Unternehmens, zu Unterauftragnehmern und zum Auftraggeber. Zur Unterstützung dieser primären Aufgaben übernimmt das Programm Management meist weitere Funktionen, wie Budgetkontrolle im Zusammenhang mit der Fortschrittskontrolle und dem Berichtswesen, übergreifendes Risikomanagement sowie Steuerungsfunktionen.

Das Programm Management verantwortet das Programm. Es vertritt das Programm gegenüber dem Auftraggeber und innerhalb der Organisation. Dazu gehört die Verantwortung von

- Qualität und Termintreue der Arbeitsergebnisse

- Durchführung des Gesamtprogramms entsprechend des Gesamtplans

- Schnittstellenmanagement

- Programm-Berichterstattung

- Programm-Risikomanagement

Um diese Aufgaben zu erfüllen, ist es sinnvoll, dem Programm Management Handlungsspielräume zu geben, die sowohl die Anbindung an die Strategie als auch die Koordination der Projekte möglich machen:

- direkte Berichterstattung an die Leitung der durchführenden Organisation

- direkte Abstimmung mit der Leitung der auftraggebenden Organisation

- Freigabe der Projektdefinitionen und Freigabe der Projektergebnisse auf Projektebene

- Einbindung in die interne Berichterstattung der Projekte in den jeweiligen Bereichen

- Teilnahme an Entscheidungssitzungen

Jedem Projekt im Programm wird eine **Projektleitung** zugeordnet. Die Projektleitung verantwortet gegenüber dem Programm Management:

- Die Koordination, die Planung und Durchführung von Projekten (Ergebnisse, Termine, Abhängigkeiten) im Programm

- Das Managen der Abhängigkeiten des Projekts zu anderen Projekten im Programm

- Die inhaltliche Abstimmung der Projektergebnisse mit den Programmzielen

- Die Koordination zwischen Projekt und Programm bei Änderungen im Programm oder im Projekt

- Unterstützung beim Controlling der Projekte im Programm in Bezug auf Meilensteine, Termine und Fortschrittsgrade

- Die regelmäßige Beurteilung des Projektstatus im Rahmen des Berichtswesen

- Sicherstellung der Qualitätssicherung im Rahmen des Programms

- Unterstützung bei der Erstellung und Fortschreibung der Gesamtplanung

In den Gremien eines Programms sind sowohl Auftraggeber als auch Auftragnehmer vertreten.

Meist enthält die Programmorganisation die folgenden Gremien und bildet somit eine Entscheidungshierarchie ab:

- Lenkungsausschuss (höchste Entscheidungsinstanz und Eskalationsgremium)

- Operatives Koordinierungsgremium (dient der Koordination und dem Problem-Management im Programm, berichtet und eskaliert im Bedarfsfall an den Lenkungsausschuss)

- Fach-/Projektgruppen (FG) (Steuerungs- und Koordinierungsgremium für ein spezifisches Projekt)

## Methoden des Programm Managements

Die Methoden des Programm Managements und die Methoden des Projektmanagements unterscheiden sich und greifen ineinander. Das Programm Management stellt die übergeordnete Ebene da und die Methoden haben die Ziele, zu **aggregieren**, **Komplexität zu reduzieren**, **Zusammenhänge aufzuzeigen** und die **Projektleistungen überprüfbar** zu machen.

Während der Durchführung eines Programms werden die Aufgaben kontinuierlich wahrgenommen. Dies lässt sich als zwei miteinander verbundene Regelkreise darstellen:

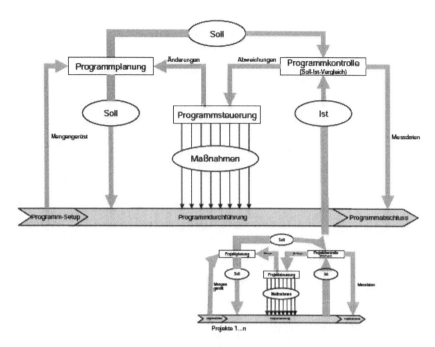

Abbildung 18: Regelkreis des Programm Managements

Neben den Methoden des Programm Managements, die von denjenigen des Projektmanagements abweichen, kommen neue Rollen hinzu und andere ändern sich.

## Definition von Programmen

Zu jedem Programm gehört eine Vielzahl von Projekten, die durch ihre zusammengesetzten Leistungsanteile die Programm-Leistung erbringen. Die Anzahl der Projekte ist dabei im Wesentlichen durch den Grad der Heterogenität der Programm-Leistung bestimmt.

Die Projekte des Programms sind in sich geschlossene Leistungspakete, die weitgehend unabhängig voneinander gemanagt werden können. Die Projekte können dadurch beispielsweise Spezialistenwissen bündeln. Gleichzeitig erhalten sie weitgehende Freiheit, wie sie ihre Leistungen erbringen. Entscheidend sind qualitäts-, zeit- und kostengerechte Zulieferung der Ergebnisse.

Es gibt jedoch keine allgemeingültige Vorschrift, wie Programme in Projekte aufgeteilt werden müssen. Folgende Möglichkeiten werden unterschieden:

## Organisatorische Gliederung

Eine Programmleistung wird von jeweils einer der beteiligten Organisationen erbracht. Daher wird ebenfalls die gleiche Anzahl von Projekten eingerichtet. Das Programm Management stellt die Einheitlichkeit der Projektrahmenbedingungen sicher, um kulturelle und methodische Unterschiede zu homogenisieren.

## Fachlich-thematische Gliederung

Die Projekte gliedern sich nach fachlichen Gesichtspunkten. Insbesondere stark technikbezogene Projekte sollten aufgrund der Spezifität der Anforderungen abgegrenzt gegliedert werden, um Spezialistenwissen zu bündeln. Es muss sichergestellt sein, dass die Projektleistungen später kompatibel sind.

## Funktionale Gliederung

Die Programmleistung wird nach Funktionen wie Analyse, Konzeption, Beratung, Beschaffung etc. gegliedert. Eine funktionale Gliederung kommt zum Einsatz, wenn das Prozesswissen von größerer Bedeutung als das fachliche Detailwissen ist. Wenn beispielsweise eine Vielzahl von individuellen technischen Lösungen entworfen und anschließend auf schwerer zugänglichen internationalen Märkten beschafft werden muss, ist eine Lösung mit Designprojekten und

Beschaffungsprojekt gegenüber einer Lösung mit mehreren fachlichen Projekten vorzuziehen, die selbst parallel für eine Beschaffung sorgen müssen. Die funktionale Gliederung geht mitunter mit einer phasenweisen Gliederung einher.

**Regionale Gliederung**

Wenn sich die Anforderungen des Programmauftraggebers nach Leistungsorten stark unterscheiden und die Eigenheiten der Regionen überwiegenden Einfluss auf die Lösungsfindung haben, sollten die Projekte regional gegliedert werden.

## Ergebnisplanung und –controlling

Aus Programm Managementsicht werden Projekte deutlich weniger detailliert geplant. Für Programme zählen im Wesentlichen nur die Ergebnisse eines Projektes. Wie diese erstellt werden, ist Teil der Projektplanung.

Das Programm Management konzentriert sich daher auf Ergebnisplanung und –controlling. Das Ziel der Ergebnisplanung ist, den Gesamtauftrag des Programms in messbare und in sich abgeschlossene Ergebnisse zu unterteilen. Hierdurch werden verwendbare Einzelergebnisse zum Gegenstand der Planung und Steuerung des Programms. Das Ziel der Ergebnisplanung ist weiterhin, das Programm vom Ergebnis her zu erdenken. Dafür ist das Ergebnis gedanklich vorwegzunehmen und dann operationalisierbar in Teilergebnisse zu zerlegen.

Das Management eines Programms richtet den Blick auf Ergebnisse, überprüft den Fortschritt und steuert anhand von Zwischenergebnissen. Ergebnisse helfen, die Komplexität im Programm beherrschbar zu machen und sich ergebnisorientiert im Programm auszurichten. Außerdem stellen Ergebnisse sinnvoll messbare Punkte dar. Ergebnispläne stellen zeitraumbezogen die wesentlichen Ergebnisse und Teilergebnisse eines Projektes dar und beschreiben Übergabepunkte zwischen Teilergebnissen verschiedener Projekte.

Dadurch ist zum einen die Fortschrittskontrolle hinsichtlich geplanter Ergebnisse und Teilergebnisse möglich und zum anderen lässt sich anhand der Verknüpfung von Plänen über Schnittstellen ein Gesamtwirkgefüge aufzeigen, welches projektübergreifende Abhängigkeiten und Auswirkungen sichtbar macht. Die Ergebnispläne bilden die Planungsgrundlage, auf der der Status verfolgt werden kann und ein Reporting möglich ist. Die Ergebnisplanung verdichtet damit die detaillierte Planung auf Projektebene.

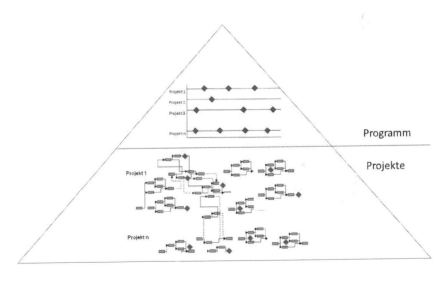

Abbildung 19: Zusammenhang von Programm und Projekten

Insgesamt bietet die Ergebnisplanung die Möglichkeit, auf unterschiedlichen Aggregationsebenen den Fortschritt des

Programms zu erkennen. Da es sich um einen integrativen Planungsansatz handelt, werden die Ergebnisse und Teilergebnisse in zweierlei Hinsicht planerisch synchronisiert und harmonisiert. Zum einen durch die Aggregation von projektbasierten Detailplanungen, zum anderen durch die gesamtplanerischen Zielvorgaben und Meilensteine.

Zusammengefasst: Ergebnispläne richten sich vorwiegend an das Management eines Programms und die davon ausgehenden Berichtslinien, wie Geschäftsführung oder Auftraggeber.

- sie richten den Blick auf das Wesentliche

- sind Bezugspunkte für den Fortschritt

- sind messbare und damit verlässliche Größen

- schaffen Transparenz und Überblick

- bilden die Basis, um Interdependenzen aufzuzeigen

- zeigen die Struktur von Ergebnissen auf

- zeigen das Gesamtwirkgefüge

## Aufbau von Ergebnisplänen

Jedes Projekt im Programm entwirft einen Ergebnisplan. Darin werden die wichtigsten Ergebnisse eines Projektes festgehalten. Meist lassen sich die gesamten Ergebnisse auf drei bis fünf wichtige Ergebnisse reduzieren. Zur Herstellung dieser Ergebnisse werden wiederum Teilergebnisse benötigt. Die nachfolgende Abbildung zeigt den Aufbau eines Ergebnisplans.

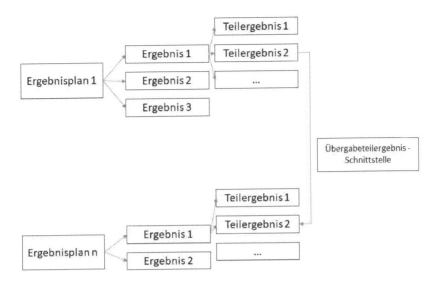

Abbildung 20: Aufbau einer Ergebnisplanung

## Übergabeteilergebnisse

Zur Erstellung eines Ergebnisses benötigen die Projekte üblicherweise nicht nur eigene Teilergebnisse, sondern manchmal Teilergebnisse von anderen Projekten.

Diese werden im Rahmen der Ergebnisplanung als Übergabeteilergebnisse bezeichnet. Die Systematik wird in der obigen Abbildung dargestellt.

Für Übergabeteilergebnisse gelten die gleichen Regeln wie für Ergebnisse. Sie werden in beiden Ergebnisplänen, dem des fordernden Projektes und dem des liefernden Projektes, als Teilergebnis geführt und müssen dennoch gesondert gekennzeichnet werden, um ihrem Charakter Rechnung zu tragen.

## Schnittstellenliste und –matrix

Die Aufgabe des Schnittstellenmanagements besteht in der Vernetzung der (Teil-) Ergebnisse, um das Gesamtgefüge abzubilden. Schnittstellen sind Nahtstellen zwischen Projekten.

In einem komplexen Programm stellt es eine besondere Herausforderung dar, die Schnittstellen zwischen den unterschiedlichen Projekten zu identifizieren. Um die Schnittstellen eines Projektes zu identifizieren, sind sie zunächst aus dem Blickwinkel des fordernden Projektes zu erheben. Damit soll sichergestellt werden, dass sich jede Projektleitung bemüht, die benötigten Zulieferungen vollständig zu erfassen, da fehlende Zulieferungen das eigene Projektergebnis verschlechtern oder gefährden würden.

Zu jeder Schnittstelle gibt es ein forderndes Projekt und ein lieferndes Projekt (beziehungsweise Linienorganisation), wobei die erforderliche Abstimmung dazu durch das fordernde Projekt initiiert wird.

Zur vollständigen Definition einer Schnittstelle gehören neben dem fordernden und liefernden Projekt und einer inhaltlichen Beschreibung noch folgende Informationen:

- Verantwortlichkeit: Hier wird vermerkt, ob die Lieferung der Schnittstelle in der Verantwortung des genannten Projektes oder der genannten Linienorganisation ist.

- Kritikalität: Unterscheidung zwischen unabdingbaren Schnittstellen und solchen, die dem Effizienzgewinn dienen.

- Abstimmungsgrad: Status der Abstimmung der Schnittstelle, beginnend mit identifiziert über spezifiziert bis zu abgestimmt, wenn beide beteiligten Parteien die Schnittstelle gemeinsam vereinbart haben.

Für das spätere Controlling werden noch folgende Informationen ergänzt.

Status: Gibt den Status von abgestimmten Schnittstellen bzgl. des Erfüllungsgrades an

- Grün: Schnittstelle zeitlich und qualitativ im Plan

- Gelb: Schnittstelle zeitlich oder qualitativ nicht mehr im Plan, Problem kann aber innerhalb eines festgelegten Zeitraums in bilateraler Abstimmung zwischen den Projekten behoben werden.

- Rot: Schnittstelle zeitlich oder qualitativ nicht mehr im Plan, Eskalation erforderlich

Die Schnittstellenliste stellt alle von den Projekten benannten notwendigen Zulieferungen und Informationen im Überblick dar. Es wird unterschieden zwischen fordernden Projekten (Projekt 1 erstellt eine Leistung für das Projekt 2, dann ist Projekt 2 das "fordernde" Projekt) und liefernden Projekten.

| Nummer | Forderndes Projekt | Lieferndes Projekt | Beschreibung | Verantwortlich | Kritikalität | Abstimmungsgrad | Status |
|--------|-------------------|--------------------|--------------|----------------|--------------|-----------------|--------|
| | | | | | unabdingbar | identifiziert | |
| | | | | | Effizienz | abgestimmt | |
| | | | | | Synergie | spezifiziert | |

Abbildung 21: Schnittstellenliste

Die Schnittstellenliste stellt die Abhängigkeiten zwischen den Projekten dar. Sie wird aus der Sicht des jeweils fordernden

Projektes befüllt. Jedes Projekt formuliert die notwendigen Zulieferungen. Diese Liste sollte stets dezentral befüllt werden, da es meist nicht leistbar ist, die Abhängigkeiten vollständig durch eine zentrale Stelle zu erfassen.

## Messkriterienbasierte Abschlussplanung

Bereits in der Programm-Planungsphase ist es wichtig, den Abschluss des Programms gedanklich vorwegzunehmen, da sich ansonsten ein erhebliches Konfliktpotential zwischen Auftraggeber und Auftragnehmer über den Abschluss des Programms, also die Prüfung und Abnahme der Programmleistung, entfalten kann. Die Planung des Programmabschlusses richtet die Aufmerksamkeit bereits frühzeitig auf die konkrete Systematik der Leistungsabnahme und ist ein auftraggeberorientierter Planungsansatz. Er steht somit gegenüber der auftragnehmerseitigen Projektplanung mit ihrem originären Fokus auf den Verlauf der Leistungserstellung.

Die messkriterienbasierte Programmabschlussplanung ist eine Methode, um den vollständigen Umfang eines Programms bereits während der Programmplanung detailliert zu beschreiben um daran später den erreichten Abschluss festmachen zu können. Durch die projektübergreifende Zuordnung der Messkriterien zu Leistungsobjekten wird eine frühzeitige Planintegration der Projekte unterstützt, da neben dem abschließenden Programm-Ergebnis auch in den einzelnen Leistungsobjekten eine Vielzahl von unterschiedlichen Projekt-Leistungsaspekten zusammen-laufen und die terminliche wie leistungsspezifische Koordination erfordern. Im Zuge der Programm-Durchführung kann auf dieser Basis der Fortschritt eines Programms errechnet und in Form verschiedener Kennziffern dargestellt werden. Zum

Programmabschluss wird die Methode herangezogen, um anhand definierter Belege und vollständiger Nachweisführung der Leistungserbringung eine reibungslose Abnahme des Auftraggebers zu erreichen.

Zum Aufbau der messkriterienbasierten Programmabschluss-planung sind zunächst eine Analyse der Programm-Vertragsbestandteile (externe Sicht) sowie die Berücksichtigung interner Aspekte (Messpunkte Projektaufbau) erforderlich. Alle im Programm-Vertrag geforderten Leistungen müssen durch Messkriterien widergespiegelt werden, damit zum Programmabschluss eine vollständige Betrachtung des Leistungsumfangs gewährleistet ist.

## Programmcontrolling

Grundsätzlich verdichten sich Informationen hin vom Projektcontrolling zum Programmcontrolling. Die Komplexität von Programmen erfordert eine weniger detaillierte Betrachtung von Projektinformationen. Gleichzeitig müssen diese Informationen stärker miteinander verknüpft werden. Wo das Projektcontrolling nahe am Projekt steht und detaillierte Zahlungsströme, Aufwände, Ressourcenbedarf und Fortschritte verarbeiten kann, ist das Programmcontrolling auf eine starke Aggregation angewiesen und verwendet zur Integration der Projektplanungen in den Programmplan hauptsächlich Meilensteine, um den Programmfortschritt und Interdependenzen abzubilden.

Auf eine vorgangsbezogene Programmplanung wird verzichtet, um die Datenmenge beherrschbar zu halten. Gleichzeitig ist die Fortschrittsmessung der Projektaktivitäten weniger detailliert.

## Abschluss von Programmen

Ein Programm ist abgeschlossen, wenn alle Projekte inklusive ihrer Leistungsübergaben abgeschlossen sind. Das bedeutet: Es muss die Zielerreichung eines jeden Projektes anhand von vorab festgelegten Messkriterien überprüft werden.

Die Feststellung des Abschlusses ist originäre Aufgabe des Auftraggebers bzw. der Auftraggeberin, kann jedoch auch im Lenkungsausschuss vorgenommen werden. Über den genauen Ablauf des Abschlusses muss bereits zu Beginn des Programms Einverständnis erzielt werden.

# 5. Was sind die Besonderheiten des Portfoliomanagements und seiner Methoden?

Bei der Projekttätigkeit einer Organisation geht es darum, die richtigen Projekte auszuwählen und zu initialisieren. Diese Projekte gilt es, erfolgreich umzusetzen und abzuschließen. Dabei sind Konflikte zwischen Projekten zu vermeiden, indem sie frühzeitig erkannt und gelöst werden. Generell ist wichtig, alle Ressourcen zielgerichtet und effizient für den Projekterfolg einzusetzen.

Meist wird eine Maximierungsstrategie bei der Zusammenstellung des Portfolios angewendet. Sie besagt, möglichst viele Ziele mit gegebenen Ressourcen zu erreichen. Die Projekte werden dann nach der Minimierungsstrategie umgesetzt, d.h. ein gegebenes Projektziel wird mit möglichst geringem Aufwand verfolgt.

Die **Optimierung des Portfolios** ist die wichtigste Aufgabe des Portfoliomanagements. Dem Portfoliomanagement wird neben der Priorisierung von Projekten die prioritätenbasierte Ressourcenallokation zugeschrieben. Das heißt, dass basierend auf den Prioritäten, die Ressourcen zugewiesen werden. Dies ist von der Grundidee nachvollziehbar, stößt in der Praxis der öffentlichen Verwaltung jedoch mitunter an Grenzen.

Dabei laufen mehrere Portfolio-Prozesse nacheinander ab und werden regelmäßig wiederholt:

- Projektportfolioplanung (initial und wiederholend)

- Vergabe von Projektaufträgen

- Überwachung und Steuerung des Projektportfolios

- Erfolgsbewertung

## Bewertungskriterien

Das Portfolio wird nach zuvor festgelegten Kriterien bewertet. Die Auswahl der Kriterien kann erhebliche Auswirkung auf die Zusammensetzung des Portfolios haben. Nachfolgend werden typische Priorisierungskriterien beschrieben.

Der **Strategiebeitrag** betrachtet, inwiefern das Projekt dazu beisteuert, die strategischen Ziele der Organisation oder Organisationseinheit zu erreichen. Der Strategiebeitrag ist ein wichtiges Kriterium, jedoch keineswegs das Einzige. Vielmehr kann der Strategiebeitrag um weitere Kriterien ergänzt werden. In der Praxis werden dafür meist mehrdimensionale Bewertungsverfahren eingesetzt. Die Kriterien stellen entweder das Projektergebnis oder den Projektverlauf in den Fokus.

**Betriebsbeitrag**

Der Betriebsbeitrag beantwortet die Frage, welchen Beitrag das Vorhaben für den operativen Betrieb bringt. Der operative Betrieb kann durch ein Projekt zum Beispiel vereinfacht, beschleunigt, kundenfreundlicher oder kosteneffizienter werden.

## Wirtschaftlichkeit

Um die Frage nach der wirtschaftlichen Sinnhaftigkeit des Projektes zu beantworten, werden kurz- und langfristige ökonomische Kennzahlen analysiert und gegenübergestellt.

## Gesetzliche Vorgaben

Gesetzliche Vorgaben einzuhalten ist zwingend. Hilft ein Projekt dabei, zukünftig gesetzliche Vorgaben einzuhalten, ist eine hohe Priorisierung in der öffentlichen Verwaltung zu erwarten.

## Organisationsrisiko

Projektergebnisse helfen mitunter, Risiken zu reduzieren oder komplett zu eliminieren. Dahinter steht die Frage nach dem Einfluss des Projektes auf die Organisationsrisiken.

Weitere Priorisierungskriterien sind:

- **Organisatorische Veränderung:** Man betrachtet, wie groß die Wirkung des Projektes auf die Unternehmensorganisation mit den entsprechenden Nebeneffekten ist.

- **Durchführungsrisiko:** Dahinter steht die Frage, welche Risiken das Projekt während der Projektdurchführung mit sich bringt bzw. wie abgesichert das Projektergebnis zum Beispiel hinsichtlich notwendigem, vorhandenem Wissen ist.

- **Durchführungskomplexität:** Man bewertet, wie komplex das Projekt hinsichtlich der beteiligten Elemente, deren Heterogenität sowie deren Interdependenzen ist.

- **Ressourcenbedarf:** Damit soll die Höhe des

Ressourcenbedarfs und die Relation zu den Gesamtressourcen beziffert werden.

- **Mitarbeiterbelastungsgrad:** Man schätzt ab in welchem Umfang die Mitarbeiter bezüglich Zeit, Intensität und Menge durch das Projekt belastet werden.

- **Zeitliche Dimension:** Man kakuliert, wie lange die Projektdurchführung in Anspruch nehmen wird und ab wann die erwarteten Nutzeffekte des Projektergebnisses realisiert werden können.

- **Projektabhängigkeiten:** Damit wird transparent, welche Interdependenzen es zu anderen Projekten gibt und inwiefern die Durchführung des Projektes andere Projekte hemmen oder befördern würde.

- **Wettbewerbswirksamkeit:** Steht die Wettbewerbsposition bei Unternehmen der freien Wirtschaft im Fokus, rankt sich das Projektgeschäft um die Frage „Welche Wirkung wird die Durchführung des Projektes für die Wettbewerbsposition haben?". In der öffentlichen Verwaltung ist dies nachrangig, tritt jedoch für Dienstleitungsgesellschaften der öffentlichen Verwaltung in den Fokus.

## Methoden

Für die Priorisierung werden unterschiedliche Methoden angewendet. Meistens werden die Projekte priorisiert, indem nicht nur eine Methode, sondern eine Kombination von Methoden zum Einsatz kommt.

## Muss-Soll-Kann-Dringlichkeitsmatrix

Die Muss-Soll-Kann-Dringlichkeitsmatrix visualisiert die zeitliche Abfolge und wie dringend Projekte umgesetzt werden sollten.

Der Muss-Soll-Kann-Dringlichkeitsmatrix liegen meist einige der oben genannten Kriterien zugrunde. So kann zum Beispiel eine gesetzliche Anforderung dazu führen, dass ein Projekt sehr dringend umgesetzt werden muss oder auch Kriterien wie Mitarbeiterbelastungsgrad oder der Beitrag zum operativen Betrieb.

Die Muss-Soll-Kann-Dringlichkeitsmatrix unterscheidet auf der einen Seite zwischen Muss-Soll-Kann-Projekten und auf der anderen Seite nach ihrer Dringlichkeit.

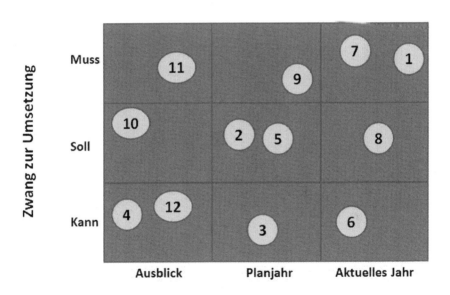

Abbildung 22: Beispiel Muss-Soll-Kann-Dringlichkeitsmatrix

## Synergieeffekte-Matrix

Projekte eines Portfolios können sich einseitig oder wechselseitig beeinflussen. Dabei werden mehrere Formen unterschieden:

1. die Projekte befördern sich gegenseitig bei paralleler Umsetzung

   - die Projekte behindern sich gegenseitig bei paralleler Umsetzung

   - das Projektergebnis des einen Projektes ist eine Startvoraussetzung oder bessere Ausgangsbasis für ein anderes Projekt

   - ein Projekt baut auf den Ergebnissen eines anderen Projekts auf

Die Aufgabe der Synergieeffekte-Matrix ist, die Beeinflussung und Einflussnahme zwischen Projekten zu erfassen.

| Wirkung VON / AUF | 1 | 2 | 3 | 4 | 5 | 6 | 7 | 8 | 9 | 10 | Summe Einfluss |
|---|---|---|---|---|---|---|---|---|---|---|---|
| 1. Projektname A | | | | | | | | | | | |
| 2. Projektname B | | | | | | | | | | | |
| 3. Projektname C | | | | | | | 1 | 1 | | | 5 |
| 4. Projektname D | | | | | | | | | | | 1 |
| 5. Projektname E | | | 1 | | | | | | | | 2 |
| 6. Projektname F | | | | | | | | | | | 1 |
| 7. Projektname G | | 1 | | | | | | | | | 1 |
| 8. Projektname H | | 1 | | | 1 | | | | | | 2 |
| 9. Projektname I | | | | | | | 1 | | | | 3 |
| 10. Projektname J | | | | | | | | 1 | | | 1 |
| Summe Beeinflussung | 1 | 7 | 1 | | 3 | 2 | | 2 | | | 16 |

Abbildung 23: Synergieeffekte-Matrix

Noch deutlicher wird die Übersicht der Beeinflussung durch eine graphische Darstellung, die beschreibt, wie viele Projekte beeinflusst werden oder ein Projekt beeinflussen.

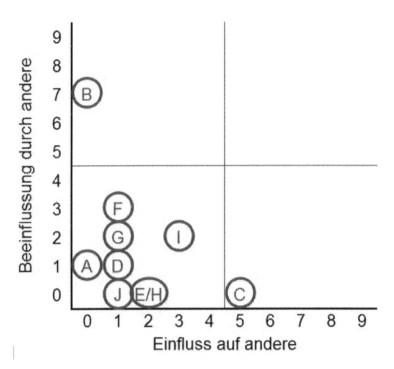

Abbildung 24: Visualisierung von Einflussnahme und Beeinflussung

Die Einfluss-Matrix dient dazu, Projekte zeitlich in eine Reihenfolge zu bringen oder sie gleichzeitig umzusetzen, je nachdem, was aus Gesamtsicht sinnvoller ist.

## Strategie-Beitrags-Portfolio

Das Strategie-Beitrags-Portfolio wird sehr häufig im Portfoliomanagement eingesetzt. Dazu werden die beiden wichtigsten strategischen Ziele einer Organisation betrachtet und alle Projekte im Hinblick auf den potenziellen strategischen Beitrag zu diesen Zielen bewertet. Die Einordnung kann durch parallele Linien eingegrenzt werden. Diese ordnen Projekte unterschiedlichen Sektionen zu. Projekte werden zu Favoriten, zu Ballast oder gehören dem Mittelfeld an. Im Mittelfeld entscheidet das Budget darüber, wie viele Projekte umgesetzt werden.

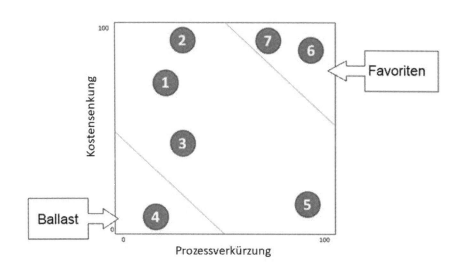

Abbildung 25: Strategie-Beitrags-Portfolio

## Szenarioanalyse

Charakteristisch für die Szenarioanalyse ist, dass sie das Projektergebnis im Hinblick auf seine Mittel- und Langfristwirkung betrachtet. Hier wird ein Zeitraum zwischen 5 und 10 Jahren zugrunde gelegt und Annahmen darüber getroffen, welche Effekte innerhalb und nach dieser Zeitspanne durch das Projektergebnis erzielt werden. Dabei sollte das wahrscheinlichste Szenario (Trend-Szenario) um eine Extremwertbetrachtung mit Best- und Worst-Case-Szenario ergänzt werden.

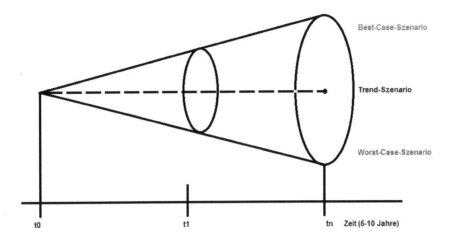

Abbildung 26: Szenarioanalyse

## Nutzwertanalyse

Bei der Nutzwertanalyse handelt es sich um ein vielfältig nutzbares und genutztes Instrument bei Auswahlentscheidungen. Im Portfoliomanagement wird die Nutzwertanalyse eingesetzt, um anhand von Kriterien und deren Gewichtung die Projekte für das Portfolio auszuwählen.

Zunächst werden die verschiedenen Alternativen bzw. Varianten gesammelt und festgehalten.

Darauf aufbauend geht die Nutzwertanalyse in fünf Schritten vor.

Schritt 1: Es werden die Kriterien festgelegt, anhand derer eine Entscheidung getroffen werden soll. Diese Kriterien sind häufig Anforderungen an das Produkt oder zu erreichende Ziele und sollten unabhängig voneinander sein.

Schritt 2: Jedem Kriterium wird ein Prozentsatz hinterlegt, der die Wichtigkeit des Kriteriums belegt. Die Summe der Einzelgewichtungen muss 100% ergeben.

Schritt 3: Die einzelnen Kriterien werden mit Punkten bewertet. Um hier eine Eindeutigkeit sicherzustellen, muss der Bewertungsmaßstab genau definiert werden, z.B. 5 Punkte = sehr gut, 1 Punkt = mangelhaft.

Schritt 4: Hier erfolgt die eigentliche Bewertung: Pro Kriterium und Alternative werden Punkte vergeben und die gewichteten Punkte berechnet, in dem die Punkte mit den prozentualen Gewichtsangaben multipliziert werden.

Schritt 5: Durch Summierung der Einzelgewichtungen ergibt sich die gewichtete Punktzahl pro Alternative. Die Alternative mit der höchsten Punktzahl entspricht den definierten Kriterien am besten.

| 1.Schritt | 2. | 3. Projekt A | | 4. Projekt B | |
|---|---|---|---|---|---|
| Kriterium | Gewicht | Erfüllungsgrad | Teilnutzen | Erfüllungsgrad | Teilnutzen |
| Risiko | 40% | 1 | 40 | 0 | 0 |
| Dringlichkeit | 20% | 3 | 60 | 1 | 20 |
| Wirtschaftlichkeit | 20% | 2 | 40 | 2 | 40 |
| Strategiebeitrag | 20% | 1 | 20 | 2 | 40 |
| Summe | 100% | | 160 | | 100 |

5.

Abbildung 27: Nutzwertanalyse

Die Nutzwertanalyse wird häufig in Entscheidungssituationen und zur Abwägung von Alternativen eingesetzt. Natürlich haben Auswahl der Kriterien, Gewichtung und Bewertung der Kriterien Auswirkungen auf das Ergebnis. Daher wird der Methode manchmal eine „mathematische Scheingenauigkeit" vorgeworfen, da nur im vierten und fünften Schritt mathematische

Berechnungen durchgeführt werden, das Ergebnis jedoch den Anschein von Eindeutigkeit aufweist. Ein praktikabler Umgang mit der Nutzwertanalyse ist, sie als Werkzeug zu betrachten, um sich zunächst darüber einig zu werden, welche Kriterien und Gewichtungen Übereinstimmung erzielen. Daher kann die Nutzwertanalyse als hilfreiche Diskussionsunterstützung eingesetzt werden. Die Ergebnisse der Nutzwertanalyse sollten unter Berücksichtigung der Tendenz, die sich aus der Auswahl von Kriterien und Gewichtung ergibt, bewertet werden.

## Organisatorische Einbindung von Portfoliomanagement

Organisatorisch wird Portfoliomanagement häufig in dafür zuständigen zentralen Projektmanagement-Organisationseinheiten (Projektmanagementoffices, PMO) durchgeführt. Grundsätzlich können Projektmanagementoffices unterschiedliche Ausrichtungen haben, je nachdem, ob der Steuerungs-/Priorisierungsgedanke, der Service- oder Supportgedanke im Vordergrund ihrer Tätigkeit steht.

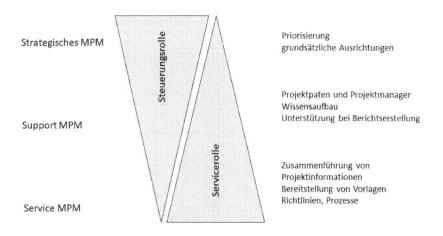

Abbildung 28: Steuerungs – und Unterstützungsrolle des Multiprojektmanagements

85

Das strategische Multiprojektmanagement entspricht dem Portfoliomanagement. Denn hier werden die Priorisierung von Projekten und die grundsätzliche strategische Ausrichtung behandelt.

Das Support-Multiprojektmanagement unterstützt Projekte, indem Wissen in Projekten gezielt aufgebaut und die Planung bzw. das Controlling personell unterstützt werden. Dies kann in Form von „Projektpaten" erfolgen, die ein Projekt für eine festgelegte Zeit unterstützen.

Das Service-Multiprojektmanagement stellt Leitfäden, Vorlagen, Prozesse und Richtlinien zur Verfügung, damit diese in Projekten verwendet werden können. Dabei kann es sich um ein freiwilliges oder auch verpflichtendes Angebot handeln, je nach organisatorischer Festlegung. Das Service MPM unterstützt aber auch die Steuerungsebene durch das Zusammenführen und Aufbereiten von Informationen aus den Einzelprojekten.

Grundsätzlich sollte jede Organisation entscheiden, welche zentralen Projektmanagementfunktionen den größten Nutzen stiften, der Organisationskultur entsprechen und damit organisatorisch umsetzbar sind. In vielen Behörden der öffentlichen Verwaltung findet man Mischformen der oben genannten Formen.

# 6. Wie entwickelt sich Multiprojektmanagement weiter?

Multiprojektmanagement verdankt seinen Ursprung in der jetzigen Form vor allem zwei Gründen: Erstens wird durch Programm Management Komplexität reduziert. Zweitens priorisiert das Portfoliomanagement Projekte.

Programm- und Portfoliomanagement basieren dabei typischerweise auf dem klassischen Projektmanagement.

Derzeit verändert sich das Programm- und Portfoliomanagement in Organisationen aufgrund unterschiedlicher Entwicklungen:

- Stärkerer Zwang zur Innovation für Unternehmen durch Veränderungstreiber, wie zum Beispiel die Digitalisierung

- Organisatorische Veränderungen hin zu projektorientierten Organisationen oder projektorientierten Organisationseinheiten

- Agiles und hybrides Projektmanagement werden bei der Durchführung von Projekten verstärkt eingesetzt

- Zentrale Projektmanagementorganisationseinheiten, wie Project Management Office (PMO), unterstützen das Management und die Koordination von Projekten

## Projektorientierte Unternehmensorganisation und flexibler Einsatz von Ressourcen

Projektorientierung beschreibt das Ausmaß, in dem ein Unternehmen seine Leistung in Form von Projekten erbringt. Manche Organisationen realisieren nur hin und wieder Projekte. Projekte bilden dann eher die Ausnahme und der Schwerpunkt der Leistung wird durch Linienprozesse erbracht. Organisationen mit einer starken Projektorientierung haben typischerweise ihre Strategie, Strukturen, Prozesse und Kultur auf Projekte ausgerichtet, und die Linienbereiche unterstützen die Projekte mit Knowhow, Ressourcen und Dienstleistungen. Mit Projekten und Programmen werden dort kontinuierlich und systematisch strategische Ziele umgesetzt. Programme und Portfolios spielen damit eine wichtige Rolle.

Je mehr Leistungen in Form von Projekten erstellt werden, desto stärker wird die typische Aufbau- und Ablauforganisation in Frage gestellt. Werden bei einem wenig projektorientierten Unternehmen Projekte in der Linienorganisation realisiert, so wird bei einer stärker projektorientierten Organisation ggf. eine Matrix-Projektorganisation erforderlich. Nimmt der Anteil der Projekte schließlich weiter zu, so kann eine reine Projektorganisation sinnvoll sein.

Der Begriff des „projektorientierten Unternehmens" beschreibt daher Organisationen, die fast ausschließlich auf die Durchführung von Projekten ausgerichtet sind. In einigen Branchen ist dies naturgemäß gegeben, wie in Eventagenturen, Consultingunternehmen oder in der Baubranche. Andere Unternehmen, zum Beispiel in der IT-Branche, haben diesen Wandel nach und nach vollzogen. Häufig haben hier

Ausgründungen und Verselbständigungen von Unternehmensteilen eine Rolle gespielt. So entstanden aus der Postbank die Postbank Systems, aus Aldi ist die Aldi Systems hervorgegangen und aus der AOK wurde die AOK Systems gegründet. Alle folgen einem gemeinsamen Prinzip: Mehr Flexibilität hinsichtlich Produkten und Ressourcen schaffen.

Bei der Entwicklung des Projektmanagements lässt sich ein Muster erkennen: Vom „Management von Projekten", also der Umsetzung einzelner Projekte, die über das „Management durch Projekte", also dem unternehmerischen Handeln durch Projekte, hin zu projektorientierten Unternehmen führt, die den überwiegenden Teil ihrer Wertschöpfung in Form von Projekten erbringen. Die einzelnen Stufen vom Management von Projekten bis hin zum projektorientierten Unternehmen zeigen den Entwicklungsprozess.

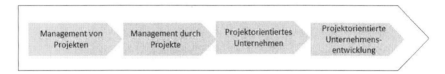

Abbildung 29: Entwicklungsprozess projektorientierte Unternehmen (Quelle: Bea, Scheurer, Hesselmann: Projektmanagement)

In projektorientierten Organisationen findet die Leistungserstellung überwiegend oder ausschließlich in Form von Projekten statt. Die Mitarbeiterinnen und Mitarbeiter können den Projekten flexibel zugeordnet werden.

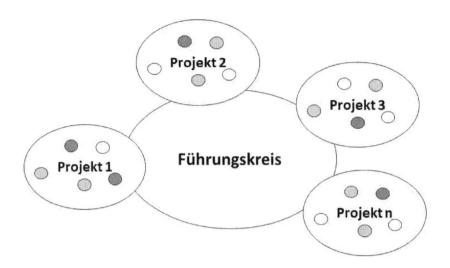

Abbildung 30: Projektorientierte Organisationen

Selbst Organisationen, die wie große Konzerne oder Organisationen der öffentlichen Verwaltung klassisch linienorientiert sind, haben häufig projektorientierte Unternehmenseinheiten oder bauen diese auf.

Startup-Unternehmen sind typischerweise projektorientiert und gelten damit zu Recht oft als „agiler" und „innovativer".

## Klassische, agile, hybride Projekte und flexibles Multiprojektmanagement

Veränderungen, wie die Digitalisierung, erfordern technologische und personelle Anpassungen sowie die Anpassungen von Prozessen und Unternehmensstrukturen. Dafür muss neues Knowhow aufgebaut, müssen neue Technologien eingeführt und manchmal Personalzuwächse von 20-30 % pro Jahr integriert werden Das bestehende Personal ist dabei fundamentalen Veränderungen ausgesetzt.

Viele Unternehmen reagieren darauf mit organisatorischen Veränderungen. „Wir müssen agiler werden", ist deshalb ein häufig geäußerter Satz in diesem Zusammenhang.

„Agiler werden" bedeutet für Unternehmen meist schnellere Ressourcenverfügbarkeit und Modularisierung in Bezug auf Projekte und Produkte.

Die Zunahme von Projekten hat alle Branchen erfasst. Um die damit einhergehende Komplexität zu reduzieren, werden sie immer häufiger zu Programmen gebündelt. Damit sinkt zwar die Menge der Einzel-Projekte, aber der Koordinationsaufwand innerhalb von Programmen steigt. Der Anteil der Programme nimmt zu, was wiederum zu mehr Bedarf an Programm Management-Knowhow führt. Die Folge ist, dass Mitarbeiter dementsprechend quallflziert werden müssen.

Bei einer steigenden Anzahl von Projekten muss das Portfoliomanagement mehr Projektideen, Projektanträge, Projektberichte und Gremiensitzungen koordinieren und benötigt demzufolge mehr Ressourcen.

Die Projektorientierung hat weiterhin Auswirkungen auf die Personaleinsatzplanung. Anschlussprojekte müssen frühzeitig konkretisiert werden, um qualifiziertes Personal zuordnen zu können.

Da die überwiegende Tätigkeit in Form von Projekten erbracht wird, müssen entsprechende Karrierepfade eine Weiterentwicklung in diese Richtung ermöglichen und entsprechende Perspektiven aufzeigen.

Werden in Organisationen klassische, agile und hybride Projekte gleichermaßen umgesetzt, steigt damit die Herausforderung, diese Projekte aus Programm- und Portfoliosicht zu managen. Denn die einzelnen Projektmanagementmethoden verwenden unterschiedliche Vorgehensweisen und Kennzahlen.

Ist im klassischen Projektmanagement mit umfangreichen Plänen ein Controlling zu Fortschrittsgraden noch relativ einfach, stellt sich die Frage bei agilen Projekten, wie dort Fortschritt bemessen werden kann.

Das agile Projektmanagement verwendet Kennzahlen, die dem Team Hinweise zur Selbst-Reflexion und -Optimierung liefern. „Agile Kennzahlen" sind insbesondere nutzen- und wertorientierte Kennzahlen. Als wichtigste Messgröße gilt dabei die Kundenzufriedenheit – und die lässt sich durch die häufige Interaktion und durch die regelmäßigen Feedback-Schleifen direkt erheben. Dagegen sind Messungen der Kosten im agilen Kontext seltener vorzufinden, mit Ausnahme der Kosten-Betrachtung pro Sprint bzw. Release. Gerade auch vor dem Hintergrund hybrider Projekte, also der Kombination von agilen und klassischen Projekt-Methoden, stellt sich die Frage, welche Kennzahlen aus dem klassischen Projektmanagement auch für agile Projekte sinnvoll und aussagekräftig sind:

- Qualität: Grad der Kundenzufriedenheit, Anzahl Fehler pro Sprintergebnis

- Geschwindigkeit: Time-to-Market, Anzahl an Auslieferungen pro Jahr

- Umsetzungskapazität: Durchsatz (Team-Velocity) als Summe der geplanten bzw. abgenommenen Arbeitspakete im direkten Vergleich und im Zeitverlauf

- Kosten: Kosten pro Iteration / pro Zeitperiode

Das Team sollte mit den verwendeten Kennzahlen nach jedem Sprint bzw. jeder Iteration die eigenen Leistungen im Hinblick auf Qualitätssteigerungen oder Performance-Verbesserungen überprüfen können. Dabei zeigt sich, ob die angewendeten Arbeitsweisen und umgesetzten Team-Maßnahmen die Leistungsfähigkeit verbessern. So kann das Team an erfolgreichen Maßnahmen festhalten und weniger erfolgreiche verwerfen oder anpassen.

## Zentrale Projektmanagementorganisationseinheiten und Project Management Offices (PMO)

Für das Management einer Vielzahl heterogener Projekte kann eine zentrale Projektmanagementeinheit, wie das Project Management Office (siehe auch Frage 5) nicht nur sinnvoll, sondern sogar unabdingbar sein.

Ein Project Management Office (PMO) bildet die dauerhafte Verankerung des Projektgeschäfts in der Organisation oder einem Teil der Organisation.

Die klassischen Aufgaben eines PMO bestehen im Management des Projektportfolios, der methodischen und operativen Unterstützung der Projektarbeit sowie der Pflege und Weiterbildung der aktuellen und potenziellen Projektbeteiligten.

Um mit den aktuellen Entwicklungen im Projektmanagement Schritt zu halten, ist im PMO eine entsprechende Grundflexibilität nötig. Dazu gehört, sowohl Projekte als auch Programme zu managen und neben klassischen auch agile und hybride Projekte zu berücksichtigen.

# 7. Was sind die Herausforderungen auf dem Weg zum Multiprojektmanagement?

Eine Organisation auf den Weg hin zu stärker projektorientiertem Arbeiten zu führen, ist oft notwendig, immer machbar und bleibt herausfordernd.

## Interessenvielfalt und Einigung über Ziele

Die Notwendigkeit einer Standardisierung und einer Optimierung des organisationsweiten Projektmanagements wird meist nicht von allen Beteiligten gleichermaßen geteilt. Daher ist die Einigung über das Ziel selbst manchmal bereits ein aufwändiger, jedoch notwendiger und lohnender Prozess.

Der Wunsch nach Transparenz geht meist einher mit der Befürchtung, sich dadurch mehr Kontrollmöglichkeiten auszuliefern, häufig verstärkt durch die falsche Übersetzung von Controlling. Der Wunsch nach einer Standardisierung des Projektmanagements wird begleitet von Vorbehalten hinsichtlich eingeschränkter Handlungsmöglichkeiten und mangelnder Flexibilität.

Viele Organisationen, die Projektmanagement erfolgreich etabliert haben, raten dazu, einfach, aber zügig zu starten. Es geht nicht darum, mit einem „perfekten Projektmanagement" zu starten, sondern Schritt für Schritt das bestehende Projektmanagement der Organisation zu verbessern und sich zu einem für die Organisation optimalen Projektmanagement hinzubewegen. Mit diesem „Think big, start small"-Ansatz können die jeweils nächsten Stufen des notwendige Kulturwandels einer Organisation vom Reifegrad abhängig angegangen und von einem wirkungsorientierten Veränderungsmanagement unterstützt werden.

## Promotoren

Jede Veränderung und Weiterentwicklung benötigt Befürworter in einer Organisation. Häufig sind dies Führungspersonen, die hierarchischen Einfluss haben und in die Organisation hineinwirken, aber auch Beschäftigte aus der operativen Ebene, die als Projektverantwortliche den Bedarf für einheitliche Strukturen und Methoden erkannt haben (Fachpromotoren). Sie für den Ausbau von Projektmanagement zu gewinnen und eine gemeinsame Vision zu entwickeln, ist daher erfolgsentscheidend. Als positive Multiplikatoren geben sie dem Thema und seiner Integration Kraft, Rückhalt und nachhaltigen Aufwind. Das ist besonders dann wichtig, wenn mit Widerständen bei der Einführung und dem Ausbau zu rechnen ist. Es hat sich daher als erfolgsversprechend herausgestellt, die Promotoren bereits bei den ersten Schritten für die Etablierung eng einzubinden.

## Wissensaufbau im Projektteam

Typischerweise erfordert die Optimierung des Projektmanagements einen initialen Wissensaufbau in einem Kernteam, um über die notwendigen Kompetenzen zu verfügen. Meist greifen die Organisationen dabei temporär auf externe Unterstützung zu. Inhalt und der Umfang sind dabei von den vorhandenen Erfahrungen und Vorkenntnissen abhängig.

Ausgangspunkt ist meist eine Schulung in Anlehnung an einen internationalen Standard, wie die Standards der International Project Management Association, des Project Management Institutes oder nach Prince2. Die Schulungen zeigen die Möglichkeiten des Projektmanagement auf und sollten mit den organisatorischen Notwendigkeiten und Besonderheiten der Organisation verglichen werden. Damit werden Anforderungen an die Weiterentwicklung des Projektmanagements deutlich und eine Operationalisierung, d. h. Anpassung an den Bedarf und Konkretisierung der Umsetzung, ist möglich. Um das erworbene Wissen dauerhaft zu nutzen, sollte das Kernteam die Keimzelle des aufzubauenden Project Management Office (PMO) bilden.

## Qualifizierung späterer Nutzerinnen und Nutzer

Ob eine Projektmanagementmethodik akzeptiert und genutzt wird, hängt größtenteils von den Fähigkeiten der Nutzerinnen und Nutzern, diese anzuwenden und in ihren Arbeitsalltag zu integrieren, ab. Frühzeitig angekündigte, systematische und zielgruppengerechte Qualifizierungsmaßnahmen sind daher ein wesentlicher Erfolgsfaktor für die Akzeptanz eines neuen Projektmanagements.

Bei der Qualifizierung der späteren Nutzerinnen und Nutzer werden typischerweise drei Formate unterschieden, die bei umfangreichen Änderungen alle eingesetzt oder alternativ angeboten werden sollten.

### Triggerschulung

Die Triggerschulung hat das Ziel, auf den Einsatz der neuen Methoden vorzubereiten, darüber zu informieren, Akzeptanz zu fördern, Angst zu nehmen und im besten Fall eine positive Erwartungshaltung zu wecken. Eine Triggerschulung kann durch zielgruppengerechtes, systematisches Projektmarketing ergänzt oder sogar ersetzt werden.

## Tiefenschulung

Im Rahmen einer umfassenden Schulung werden hier die Inhalte im Detail vermittelt und der Transfer auf das eigene Aufgabengebiet ermöglicht. Vor allem Letzteres ist ausschlaggebend für die spätere Anwendung des Gelernten. Tiefenschulungen sollten daher anhand von eigenen Beispielen stattfinden. Zur Festigung des Gelernten sollte die Schulung sehr zeitnah zum Einsatz der neuen Methoden durchgeführt werden.

## Auffrischungsschulung

Wissen ist flüchtig, sofern es nicht unmittelbar in Routinen integriert werden kann. Ist der sofortige Einsatz nicht möglich, weil beispielsweise zunächst die gesamte Organisation geschult werden soll, so sind mitunter Auffrischungsschulungen nötig. Diese sind meist relativ kurz und zeitlich unmittelbar vor der Anwendung in eigenen realen Projekten angesiedelt. Die Auffrischungsschulung kann durch andere Lernformate, wie Dokumente, Online-Tutorials oder unterstützende „Poweruser" ergänzt oder ersetzt werden.

# Umsetzung als Projekt

Die Einführung eines systematischen Projektmanagements stellt selbst ein Projekt dar. Neben Wissen werden Ressourcen benötigt, um dieses Projekt umzusetzen. Meist wird der Ressourcenbedarf jedoch deutlich überschätzt. Eine Mitarbeiterin oder ein Mitarbeiter, die oder der sich schwerpunktmäßig um die Weiterentwicklung des organisatorischen Projektmanagements kümmert, kann viel bewirken und eine beträchtliche Multiplikatorwirkung erzielen.

## Unternehmenskultur und Karrierepfade

Die Erfolgsfaktoren des Projektmanagements sind eng verbunden mit der Unternehmenskultur und den gelebten Werten in Organisationen. Dazu zählen Fehlerkultur, Teamarbeit, Anreizsysteme und offene Kommunikation. Diese widersprechen zum Teil den gelebten Werten in der öffentlichen Verwaltung. Daher kann der kulturelle Wandel über die Einführung von Projektmanagement hinaus eine gewisse Zeit in Anspruch nehmen.

In manchen Branchen wird Projektarbeit mehr und mehr zu einem eigenen Karriereweg. Die Berücksichtigung der Projektarbeit für den Aufstieg in der öffentlichen Verwaltung ist derzeit kaum vorgesehen. Zudem sind Karrierepfade in der öffentlichen Verwaltung noch eng an die Linienorganisation geknüpft. Denkbar wäre hier, Karrierewege mit Zertifizierungen im Projektmanagement zu verbinden. Auch könnte eine Projektleitung, die ja eine Führungsaufgabe auf Zeit ist, eine Voraussetzung für die dauerhafte Übernahme von Führungsaufgaben sein.

# 8. In welchen Schritten wird Multiprojektmanagement in der öffentlichen Verwaltung etabliert?

## Vorgehensweisen und Prinzipien

Um Multiprojektmanagement einzuführen und zu etablieren, haben sich bestimmte Vorgehensweisen und Prinzipien herausgebildet und als erfolgversprechend gezeigt.

## Mit Projektmanagement starten

Ein erfolgreiches Multiprojektmanagement basiert auf einem systematischen (Einzel-) Projektmanagement.

Das Projektmanagement einer Organisation muss bereits über einen gewissen Reifegrad verfügen. Dazu gehören beispielsweise Standardisierung, Vergleichbarkeit, Einführung von Kennzahlen. Erst dann lässt sich ein Multiprojektmanagement etablieren. Multiprojektmanagement lebt davon, Daten der verschiedenen Projekte zu sammeln, zu aggregieren, auszuwerten und für die Entscheidungsvorbereitung visuell darzustellen. Es ist daher verständlich, dass unvollständige oder heterogene Daten kein einheitliches und aussagekräftiges Bild ergeben können.

## Ziele festlegen

Die Einführung von Projekt- und Multiprojektmanagement ist kein Selbstzweck, sondern Mittel zum Zweck. Projektmanagement und Multiprojektmanagement haben eine Bedeutung für die Organisation. Sie helfen Ressourcen zu entlasten, geben Steuerungsmöglichkeit und machen letztendlich Projekte erfolgreicher und Organisationen strategisch umsetzungsfähiger. Bei der Einführung, Optimierung und Etablierung von Projektmanagement sind daher immer zunächst die Ziele festzulegen. Dabei ist zu beachten, dass eine Orientierung an Standards oder Best Practices sinnvoll ist. Ein Multiprojektmanagement für eine Organisation ist im Detail jedoch immer individuell. Während der Einführungsphase eines systematischen Projekt- und Multiprojektmanagements stehen die Festlegung und die Vermittlung von Methoden, Verfahren, Vorlagen und Werkzeugen, die üblicherweise in einem Handbuch zusammengefasst werden, im Mittelpunkt. Mittel- und langfristig werden diese zur Routine, treten in den Hintergrund und ermöglichen damit eine Konzentration auf die Projektinhalte.

## Multiprojektmanagement agil entwickeln und klassisch einführen

Bei einer agilen Vorgehensweise ist es üblich, sich in Versionen auf das Ziel zuzubewegen. Dies bietet sich für alle Entwurfsprozesse an, wie die Erarbeitung des Zielbildes, des Projektmanagement-Handbuchs, des Qualifizierungskonzeptes sowie des Roll-out-Plans.

Die jeweiligen Versionen werden einem Kreis von Stakeholdern vorgestellt mit dem Ziel, Zustimmung oder

Verbesserungspotenziale zu erhalten. Dies dient auf der einen Seite der Einbindung von Stakeholdern und auf der anderen Seite der zielgerichteten Verbesserung der Versionen. So entsteht mehr Beteiligung, mehr Feedback, höhere Anschaulichkeit, eine steilere Lernkurve und insgesamt ein deutlich besseres Ergebnis in kürzerer Zeit.

Zunächst sollte für die Entwicklung und Einführung früh ein Projektteam aus Promotoren eingesetzt werden. Es kann sich beispielsweise aus späteren Nutzern, Führungspersonen, Projektleitungen zusammensetzen. Die Perspektive, dass die zu erwerbenden Kompetenzen im künftigen Project Management Office (PMO) dauerhaft genutzt werden, sollte motivationsfördernd wirken.

Ein Kickoff-Workshop mit Vertretern aller Stakeholder ist eine wichtige Plattform, um Partizipation zu ermöglichen. Bei diesem Workshop geht es darum, zu vermitteln, dass Projektmanagement allen Beteiligten weiterhilft. Bei nachfolgenden Workshops werden alle Anforderungen von den Teilnehmern erhoben.

Das Projektteam erstellt, gegebenenfalls mit externer Unterstützung, in kurzen Iterationen Versionen des zukünftigen Handbuchs. Nach jeder Iteration gibt es eine Abstimmungsrunde mit dem Kreis der Stakeholder, die von Beginn an in das Projekt involviert sind. Hier werden Entscheidungsalternativen vorgestellt und diskutiert, Weiterentwicklungen gezeigt und erklärt sowie Priorisierungen vorgenommen.

Parallel zu den Entwicklungen wird der aktuelle Stand laufend getestet, Formulare probeweise ausgefüllt und Beispielpläne anhand des aktuellen Standes erstellt. Dabei ergeben sich weitere Rückmeldungen über die Handhabbarkeit und die Anwendbarkeit.

## Hilfsmittel zur Verfügung stellen (Tools und Vorlagen)

Ein Multiprojektmanagement basiert stets auf drei Säulen: Wissensaufbau, Methoden in Form eines Multiprojektmanagementhandbuchs und Unterstützungswerkzeugen. Daher ist die Bereitstellung von Tools und Vorlagen nicht der erste Schritt, sollte aber frühzeitig mitgedacht werden, damit sie bei der Einführung zur Verfügung stehen.

## Ansprechpartner für den Einsatz vorbereiten

Sinnvoll ist es sogenannte „Poweruser" frühzeitig im Projekt aufzubauen. Sie können im Weiteren als Multiplikatoren, Wissensträger und Ansprechpartner fungieren, um die Organisation zu einer lernenden Organisation zu machen. Damit soll die Unabhängigkeit von externem Knowhow erreicht werden. Denn unabhängig davon, wie gut die Einführung vorbereitet und die späteren Nutzer qualifiziert werden, treten im laufenden Einsatz Fragen auf, die nicht im Detail vorab geklärt werden können. Daher sollten Ansprechpartner vorbereitet sein und Kapazitäten haben, um zur Verfügung zu stehen.

## Kontinuierliche Verbesserung in Form von Ausbaustufen

Die laufende Anwendung des Multiprojektmanagements wird Verbesserungspotenziale aufzeigen, die systematisch erhoben und bewertet werden müssen, um sie in weiteren Ausbaustufen einzuführen. Dadurch lassen sich Skeptiker, Widerständler und Bremser in die Pflicht nehmen, ihre Vorbehalte frühzeitig und möglichst konstruktiv zu äußern.

## Organisationsindividuellen Standard entwickeln

Es gilt, die Prozesse der bekannten Standards mit der in der Behörde gelebten Realität in Einklang zu bringen. Die organisationsindividuellen Prozesse sollten so einfach wie möglich sein und den Reifegrad des Unternehmens in Bezug auf Projektmanagement beachten. Die Fragen, die dabei im Vordergrund stehen, sind:

- Wie viel Veränderung verträgt die Organisation (pro Ausbaustufe)?

- Wie kann die Akzeptanz möglichst aller Beteiligten erreicht werden?

## Zielgruppengerechte Qualifizierung

Je nach Vorerfahrung und Affinität zum Projektmanagement ist eine mehr oder weniger ausführliche Schulung der Inhalte notwendig. Umfang und Inhalt der Schulung sind zudem davon abhängig, welche Rolle dem Einzelnen im Projektmanagement zukommt. Ein Projektmitarbeiter nutzt andere Inhalte als die Projektleitung. Jemand, der eher im Bereich Steuerung tätig ist, benötigt einen anderen Zugang, als operativ Tätige. Deshalb sind zielgruppengerechte Schulungen erforderlich. Das stufenweise Vorgehen, aus Trigger-, Tiefen- und Auffrischungsschulung bietet sich hier an. Begleitende Unterstützung finden Schulungen durch eLearning-Angebote wie Webinare und Videotrainings.

## Vorgehensmodell

Die Einführung eines systematischen Multiprojektmanagements ist selbst als Projekt anzusehen. Die Vorgehensweise ist dabei im besten Fall hybrid. Das heißt agiles und klassisches

Projektmanagement werden je nach Phase kombiniert im Rahmen des Gesamtprojektes.

Ein Vorgehensmodell für das Projekt „Einführung von Multiprojektmanagement" erleichtert die Vorgehensweise durch vorgefertigte Lösungsmuster und sorgt so für eine bessere Überprüfung der Vollständigkeit. Die Einführung von neuen Projektmanagementstandards stellt eine mitunter gravierende organisatorische Veränderung dar. Daher ist es wichtig, von Anfang an Information und Beteiligung durch zielgruppenorientiertes und zielgerichtetes Stakeholdermanagement und Projektmarketing sicherzustellen. Durch die Einbeziehung von Nutzergruppen werden neben der Verringerung von Widerstand die Projektergebnisse zumeist auch deutlich besser und damit in der Einführung akzeptierter. Essentiell ist weiterhin, dass die Standards verpflichtend gemacht und somit in Routinen integriert werden.

Die Einführung eines systematischen Multiprojektmanagements in der öffentlichen Verwaltung erfolgt in mehreren Phasen und Schritten. Dabei werden klassische und agile Methoden miteinander kombiniert, wie in der folgenden Abbildung visualisiert.

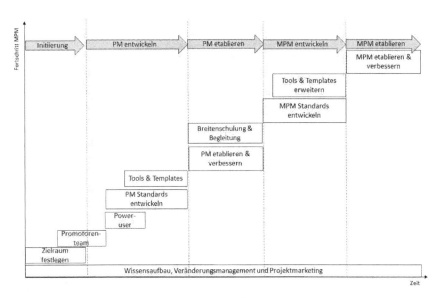

Abbildung 31: Vorgehensmodell zur Einführung von Multiprojektmanagement in der öffentlichen Verwaltung

## Initiierung

Bei der Initiierung wird, entsprechend einer agilen Vorgehensweise, zunächst der Zielraum beschrieben. Es ist nicht nötig und angeraten, das Ziel im Detail zu definieren. Es reicht aus, wesentliche Zielgrößen und Ergebnisse zu beschreiben. In dieser Phase ist es wichtig, das Projektteam mit Promotoren zu besetzen, die das Projekt durch Kreativität, Umsetzungsstärke, Austausch und Feedback bereichern und ihm letztendlich den notwendigen Aufwind in der Organisation geben.

## Projektmanagement entwickeln

In der Entwicklungsphase werden die Projektmanagement-Standards entwickelt und beispielsweise in einem Projektmanagementhandbuch festgehalten. Dazu gehören ebenfalls die Evaluation und Konzeption von Werkzeugen, die zukünftig eingesetzt werden sollen, sowie die Entwicklung von (digitalen) Formularen und Vorlagen. Während der agilen Entwicklung eines Projektmanagementhandbuchs finden regelmäßige Abstimmungen mit Stakeholdern, wie Nutzergruppen, statt, um sich in Versionen einem akzeptierten Ziel zu nähern.

## Projektmanagement etablieren

Auch in der Etablierungsphase werden Verbesserungen identifiziert und berücksichtigt. Erfahrungen können beispielsweise zunächst in Form von Pilotprojekten erhoben werden. Dies fördert zudem mögliche Quickwins. Zu Beginn der Etablierungsphase werden umfassende Schulungen durchgeführt, die die späteren Nutzer auf den Einsatz der Projektmanagementmethodik vorbereiten.

## Multiprojektmanagement entwickeln

Die **Entwicklung** des Multiprojektmanagements erfolgt, analog zur Entwicklung des Projektmanagements, mittels agiler Vorgehensweisen. Die Einführung dann wiederum klassisch.

## Multiprojektmanagement etablieren

Auch diese Etablierungsphase verläuft analog zur Etablierung von Projektmanagement.

Die Frage, warum ein solches Modell für die öffentliche Verwaltung geeignet ist, lässt sich anhand von drei Merkmalen erläutern.

1. Projekte der öffentlichen Verwaltung sind naturgemäß durch viele Stakeholder gekennzeichnet und haben

demzufolge viele Beteiligungspflichten mit unterschiedlichen Anforderungen. Dem wird das kombinierte Vorgehen von agilem und klassischem Projektmanagement gerecht.

2. Das schrittweise Vorgehen sorgt dafür, dass Wissen gesteuert und nachhaltig aufgebaut werden kann, insbesondere wenn die Folgeschritte jeweils vom Erreichen des nächsten Reifegrads abhängig gemacht werden.

3. Um Ausschreibungs- und Haushaltspflichten erfüllen zu können, fördert das schrittweise Vorgehen die Planbarkeit und lässt Raum für Ausschreibungspflichten, wie auch die Beantragung von Haushaltsmitteln mit den entsprechenden Genehmigungsprozessen.

# 9. Was unterstützt die Einführung von Multiprojektmanagement?

## Veränderungsmanagement

Einführung und Etablierung eines systematischen Multiprojektmanagements bringen vielfältige Veränderungen für die Mitarbeiterinnen und Mitarbeiter mit sich. So können sich beispielsweise bisher etablierte Methoden und Prozesse ändern. Dies gilt auch für Rollen, Einfluss- und Gestaltungsmöglichkeiten sowie die Knowhow-Verteilung.

- Prozesse, z. B. innerhalb der Ablauforganisation, Schnittstellen und Verantwortungen

- Technologie, z. B. in Form von Informations- und Kommunikationstechnologien, Produktionstechnologien sowie dem Automationsgrad

- Organisation / Struktur, z. B. bei der Aufbauorganisation, der Anzahl der Hierarchien, der Verteilung von Rollen, Skills und Kompetenzen sowie der Machtverteilung

- Kultur / Werte, z. B. beim Führungsstil, bei Normen und Prinzipien, der Leistungsbereitschaft, Motivation und Innovationsklima sowie der Risikoeinstellung, Arbeitszufriedenheit und weiteren Themen wie Wissen, Identität, Vertrauen und Lernfähigkeit

## Bedarf an Veränderungsmanagement

Unter Veränderungsmanagement versteht man die Koordination einer planvollen Übergangsphase von Situation A zu Situation B mit dem Ziel einer nachhaltigen Veränderung innerhalb einer Organisation.

Für jedes Projekt, und damit auch die Einführung eines Multiprojektmanagements, muss entschieden werden, ob es einen Bedarf an über das Projektmanagement hinausgehenden Veränderungsmanagement-Methoden gibt. Der Bedarf ergibt sich aus der inhaltlichen und sozialen Komplexität eines Projektes.

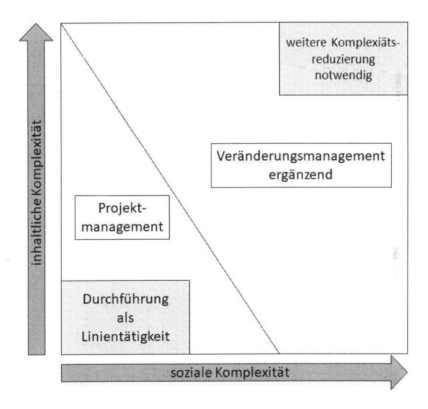

Abbildung 32: Komplexität und Veränderungsmanagement

Die inhaltliche Komplexität eines Projektes steigt mit dem Innovationsgrad des Projektes, was sich in Anzahl der neuen Elemente, der beteiligten Behörden, Vielfalt der neuen Elemente und dem Vernetzungsgrad ausdrücken kann. Außerdem lässt Zeitdruck die inhaltliche Komplexität steigen, da dadurch weniger Zeit für die sorgfältige Prüfung von Alternativen bleibt und Entscheidungen unter Unsicherheit getroffen werden müssen.

Die soziale Komplexität nimmt mit der Anzahl und dem Einfluss der Stakeholder zu. Handelt es sich dabei um neue Stakeholder, steigt die soziale Komplexität weiterhin, da diese nur schwer einschätzbar sind. Geographische und kulturelle Entfernungen befördern die Gefahr von Missverständnissen und wirken daher ebenfalls komplexitätssteigernd. Je aufgebrachter die Stakeholder in Bezug auf das neue Vorhaben sind und je stärker sich ihre Rollen dadurch verändern, umso höher ist die soziale Komplexität.

Die Methoden des Projektmanagements sind vor allem geeignet, um mit inhaltlicher Komplexität umzugehen und sind ausreichend bis zu einer mittleren sozialen Komplexität. Ist die soziale Komplexität gravierend, sind ergänzende Methoden des Veränderungsmanagements zwingend erforderlich.

Die Einführung und Etablierung eines systematischen Multiprojektmanagements kann inhaltlich als mittel komplex eingestuft werden. Neben dem Aufbau von Wissen in der Organisation, gilt es Prozesse, Vorlagen und Methoden festzulegen. Die Einführung eines organisationsweiten Projektmanagementsystems sowie die Definition von neuen Rollen und gegebenenfalls Schaffung einer neuen Organisationseinheit, wie einem PMO gehören weiterhin dazu.

Die Komplexität bei der Einführung und Etablierung eines systematischen Multiprojektmanagements resultiert meist noch mehr aus sozialen Faktoren, wie der Befürchtung von negativen Veränderungen bei Abläufen und Verantwortlichkeiten.

Die beiden hauptsächlichen Befürchtungen, die bei den Mitarbeiterinnen und Mitarbeitern im Zuge der Einführung und Etablierung eines systematischen Multiprojektmanagements auftreten sind:

- die **Befürchtung von zusätzlichem Aufwand** („Soll ich hier arbeiten oder Berichte schreiben")

- die **Angst vor Transparenz** und in der Folge Kontrollierbarkeit und die Möglichkeit, Fehler oder Versäumnisse nachzuweisen

## Erscheinungsformen und Ausprägung von Widerstand

Diese tatsächlichen oder befürchteten Veränderungen können mehr oder weniger starke Widerstände hervorrufen. Die Stärke der Widerstände ist dabei auf unterschiedliche Ursachen zurückzuführen:

- Stark ausgeprägte Selbstzufriedenheit

- Uneindeutige Managementaktivitäten, die keine Orientierung ermöglichen

- Negative Erfahrung mit bisherigen Veränderungen

- Fehlende persönliche und unternehmensbezogene Vision („was bringt mir das")

- Kommunikation nur im „inner circle"
  hier werden zwei negative Formen unterschieden, 1. aus

der Leitung dringen keine validen Informationen durch 2. im Kollegenkreis erfolgt eine laufende, kontinuierliche Bestätigung, wie schädlich die Veränderung sei, so dass eine Mehrheitsmeinung etabliert wird, der sich Einzelne schwer entziehen können

- Als zu hoch empfundene Hürden, ein zu großer Lernaufwand

- Keine sichtbaren Erfolge

- Zu früh verkündeter Gesamterfolg

- Fehlende Anwendung des Gelernten bzw. keine Übernahme in Routinen

Weiterhin hängt die Stärke der Widerstände davon ab, inwiefern inhaltliche und sachliche Risiken gesehen werden. Je nach Ausprägung werden nach diesem Modell die Betroffenen in die vier Quadranten der Akzeptanzmatrix eingeteilt. Aus der Aufteilung in rational-sachliche und persönlich-emotionale Ursachen mit Bezug auf Widerstand ergeben sich vier Typen:

1. Promotoren, die keinerlei Vorbehalte gegen die Veränderung haben, sondern im Gegenteil dabei helfen, Widerstände zu überwinden

2. Skeptiker, die zwar sachliche Vorbehalte haben, aber auf der persönlichen Ebene vorbehaltsfrei sind

3. Bremser, die sachlich zwar konform sind, aber persönliche Vorbehalte (wie befürchteter Lernaufwand oder andere Arbeitszeiten) haben

4. Widerständler, die auf allen Ebenen Vorbehalte aufweisen

Die in der folgenden Darstellung angegebenen Prozentwerte geben eine übliche Verteilung der unterschiedlichen Typen in Veränderungsprojekten wieder. Diese Verteilung kann im konkreten Einzelfall abweichen und durch gezielte Maßnahmen verändert werden.

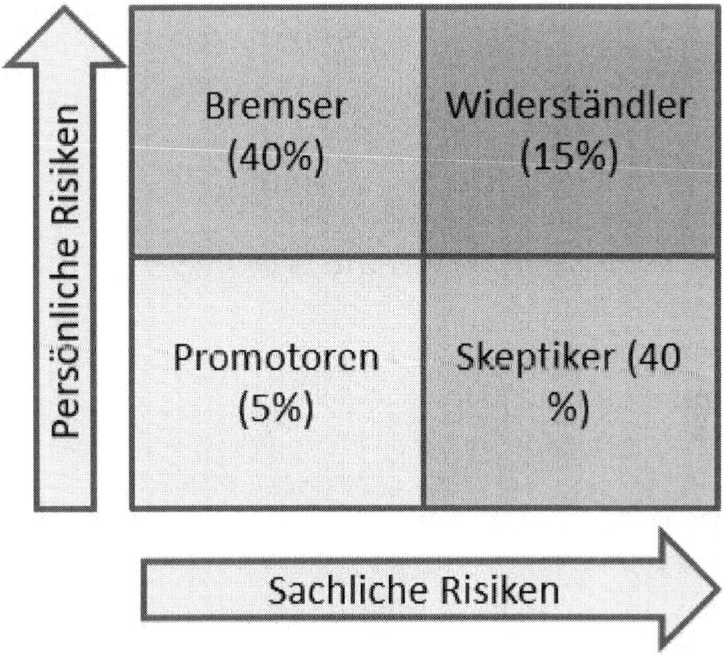

Abbildung 33: Akzeptanzmatrix

Je nach Bereitschaft, die Befürwortung oder Ablehnung aktiv zu unterstützen, können folgende vier Bereiche unterschieden werden.

Abbildung 34: Aktivität und Passivität bei Unterstützung und Widerstand

Die Reaktanztheorie beschreibt Widerstand als Reaktion auf wahrgenommene Freiheitseinengung mit dem Ziel, die eigene Handlungsfreiheit wiederherzustellen. Die Intensität des Widerstandes hängt demzufolge von vier wesentlichen Faktoren ab:

- die subjektive Wichtigkeit, die der Widerstand Leistende der Einengung zumisst

- der Umfang der wahrgenommenen Einschränkung

- die Überzeugung vor der wahrgenommenen Einschränkung ein höheres Maß an Freiheit gehabt zu haben

- die persönliche Bereitschaft, Widerstand zu leisten

Widerstand tritt im Veränderungs- und Projektmanagement in unterschiedlichen Erscheinungsformen auf. In den meisten Fällen handelt es sich um verdeckten Widerstand. Diese Tatsache macht es in der Praxis schwierig, dieser Form zu begegnen, da zunächst das Bewusstsein für die Situation geschaffen werden muss. Dies ist umso schwieriger, da sich eine Konfrontation mit den Widerstand ausübenden Personen meist nicht vermeiden lässt.

Offener Widerstand zeichnet sich dadurch aus, dass er von den Widerstand ausübenden Personen bewusst eingesetzt wird und damit ein Ziel verbunden ist. Darüber hinaus legen es die Widerstand ausübenden Personen bewusst darauf an, dass der Widerstand als solcher wahrgenommen wird und ihnen zugeordnet werden kann. Dies geschieht aus einer Position heraus, der sie eine (wahrgenommene) Einflussstärke beimessen. Dieser offene Widerstand kann thematisiert und bearbeitet werden, da er offensichtlich ist. Ausprägungen von offenem Widerstand zeigen sich in offener Kritik, Widerspruch, Beschwerden, Interventionen oder anderen Aktivitäten, die sich gegen das Vorhaben richten.

Diese Form des Widerstandes ist meist konstruktiv, so dass der Umgang mit offenem Widerstand möglich ist. Im besten Fall kann Widerstand in Unterstützung umgewandelt werden, wenn es gelingt die sachlichen Vorbehalte zu berücksichtigen oder Perspektiven im Fall von persönlichen Vorbehalten aufzuzeigen.

Wesentlich schwieriger ist der Umgang mit verdecktem Widerstand. In diesem Zusammenhang haben die Widerstand ausübenden Personen üblicherweise kein Interesse daran, erkannt zu werden. Aus persönlichen oder taktischen Gründen agieren sie aus dem Verborgenen heraus, das heißt, sie wollen etwas verhindern ohne als die Verursacher erkannt zu werden. Die Gründe dafür sind Angst vor negativen Konsequenzen,

Bequemlichkeit und der Wunsch, Konfrontationen aus dem Weg zu gehen sowie erhoffte strategische Vorteile durch ein verdecktes Vorgehen.

Wird der verdeckte Widerstand nicht rechtzeitig erkannt, entstehen projektgefährdende Risiken, die sich in ihrer Zersetzungskraft mit der Zeit immer weiter aufladen und Projekte scheitern lassen können.

Symptome und Ausprägungen des verdeckten Widerstandes lassen sich in der praktischen Projektarbeit häufig und in vielfachen Ausprägungen beobachten:

- sich häufende Abwesenheit bis hin zu steigender Krankheitsquote

- sich unwissend geben

- wiederholte Fragen zu unwichtigen Themen

- in Frage stellen bereits getroffener Entscheidungen

- Ausweichen auf konkrete Aufforderungen, etwas zu tun oder zu lassen

- Aktionismus in unwesentlichen Bereichen

- das Einfordern von maximaler Berücksichtigung unwichtiger Aspekte

- das Fernbleiben von wichtigen Zusammentreffen bzw. das Entsenden nicht entscheidungsbefugter Vertreter

- die Forderung nach perfekten Lösungen bevor eine Umsetzung möglich sei

- die Forderung, dass andere zuerst aktiv werden bzw. in Vorleistung treten sollen

- die ausgiebige Betrachtung und Diskussion von Sonderfällen

- das grundsätzliche Zustimmen bei gleichzeitiger Anmeldung von Vorbehalten, die zunächst geklärt werden sollen („grundsätzlich ja, ABER…")

- Lustlosigkeit und Vermeidungsverhalten bei der Arbeit

Eindeutig zu diagnostizieren ist verdeckter Widerstand nur in ausgeprägten Fällen, da einzelne Symptome auch andere Ursachen haben können.

Üblicherweise durchlaufen die Betroffenen innerhalb eines Projektes mit hohem Veränderungspotenzial sieben Phasen innerhalb eines Zeitintervalls. Die wahrgenommene eigene Kompetenz entscheidet dabei über den Ausschlag der Reaktionen.

Eine „drohende" Veränderung kann das eigene Selbstverständnis in Form der eigenen wahrgenommenen Kompetenz empfindlich treffen und ruft häufig entsprechende Abwehrmechanismen hervor.

## Phasen von Veränderungen

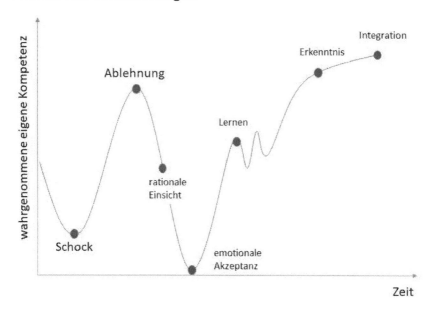

Abbildung 35: Phasen von Veränderungen

### Phase 1: Schock (mildere Form: Überraschung)

Die Mitarbeiterinnen und Mitarbeiter werden erstmalig mit der Idee, dem Vorhaben oder der Ankündigung konkreter Maßnahmen, wie dem Plan der Einführung und Etablierung eines systematischen Multiprojektmanagements konfrontiert. Die typische Reaktion in dieser Phase wird als Schock bezeichnet und drückt Überraschung, Angst vor der neuen Situation und generelles Unverständnis aus. Die wahrgenommene eigene Kompetenz sinkt drastisch, da interpretiert wird, dass bisherige Verhaltensweisen für die neue Situation nicht geeignet sind. Dies schlägt sich häufig in sinkender Produktivität („Schockstarre") nieder.

**Phase 2: Verneinung, Ablehnung**

Nach dem ersten Schockzustand schließen sich Betroffene häufig gegen die Veränderung zusammen, um zu verdeutlichen, dass die angekündigten Maßnahmen aus ihrer Sicht falsch oder überflüssig sind. In solchen Reaktionen manifestiert sich die Angst, gewohnte Strukturen und Teile der vertrauten Unternehmenskultur zu verlieren. Die wahrgenommene eigene Kompetenz steigt erheblich, da die bisherige Vorgehensweise beschönigt und die neue Vorgehensweise abgewertet werden. Dies verstärkt sich durch gegenseitige Bestätigungen innerhalb von Widerstandsgruppen, die dazu führen können, dass diese Gruppe keinen rationalen Argumenten mehr zugänglich ist. Die Ablehnung fällt umso höher aus

- je bedeutsamer, die Veränderung eingestuft wird

- je umfangreicher die dadurch persönlich wahrgenommenen Einschränkung sind

- je gravierender der „Verlust" eingeschätzt wird

- je mehr der Widerstandleistende - berechtigt oder unberechtigt - von sich und seinen bisherigen Leistungen überzeugt ist

- und ist abhängig von der persönlichen Bereitschaft, Widerstand zu leisten

**Phase 3: Rationale Einsicht**

Die Mitarbeiterinnen und Mitarbeiter erkennen, dass ihre ablehnende Haltung gegenüber der Veränderung nicht den gewünschten Erfolg bringt und, dass ein Wandel unvermeidbar, vielleicht sogar notwendig ist. Allerdings ist eine Bereitschaft, eigene Verhaltensweisen grundsätzlich zu überdenken, noch nicht vorhanden. Vorerst werden nur erste, oberflächliche Veränderungen wahrgenommen und eher kurzfristige Lösungen gesucht. An dieser Stelle wird deutlich, warum es notwendig ist, frühzeitig sichtbare Schritte hin zu Multiprojektmanagement zu unternehmen, um „Fakten" zu schaffen, aber vor allem, um die Gelegenheit zur rationalen Einsicht zu geben, dass die Veränderung zwingend erforderlich ist und kommt, bei gleichzeitiger Gesprächsbereitschaft über die Art und Ausprägung der Veränderung.

**Phase 4: Emotionale Akzeptanz**

Der tiefste Punkt, das sogenannte „Tal der Tränen", im oben aufgezeigten Verlauf, ist kritisch, weil sich hier entscheidet, ob ein Aufschwung zum Lernen gelingt. An diesem Punkt wählen Mitarbeiterinnen und Mitarbeiter im ungünstigsten Fall eine Exit-Strategie, wie Kündigung, Versetzung oder innere Kündigung. Kommt es zur entscheidenden Wendung beginnen die Mitarbeiter und Mitarbeiterinnen, die Veränderung zu akzeptieren und nicht nur zu verstehen. Es werden gewohnte Verhaltensweisen verlassen, eine grundlegende Neuorientierung kann beginnen. Um den Aufschwung zum Lernen zu schaffen, müssen Schulungsangebote und Unterstützungsmöglichkeiten frühzeitig kommuniziert werden, zielgruppengerecht und angemessen sein. Die Angebote sollen in dieser Phase bereits das Gefühl vermitteln, dass der Umgang mit neuen Projektmanagementmethoden oder Systemen beherrschbar ist.

## Phase 5: Ausprobieren, Lernen

Die Mitarbeiter und Mitarbeiterinnen fangen an, sich in dem neuen Umfeld zurechtzufinden, es entwickelt sich Neugier auf das Neue und die damit verbundenen Handlungen. Durch Erfolge und Misserfolge wird gelernt, welche Verhaltensweisen zielführend sind. Die wahrgenommene eigene Kompetenz steigt in Wellenverläufen, startet aber nach jedem Misserfolg von einem höheren Niveau.

## Phase 6: Erkenntnis

Es tritt die Erkenntnis ein, dass die Veränderung auch positive Seiten hat. Durch erste Erfolge vollzieht sich eine Erweiterung der eigenen Fähigkeiten, und die Integration der Handlungen in den Arbeits-Alltag beginnt.

## Phase 7: Integration

Die neuen Handlungs- und Verhaltensweisen werden letztlich von den Mitarbeiterinnen und Mitarbeitern vollständig in den Alltag integriert und als selbstverständlich erachtet. Damit steigt die wahrgenommene eigene Kompetenz auf den höchsten Punkt, da neben der bisherigen Vorgehensweise auch die neue beherrscht wird und die Herausforderung erfolgreich gemeistert wurde. Im Fall der Einführung und Etablierung eines systematischen Multiprojektmanagements ist es an dieser Stelle mitunter sinnvoll, den Einsatz der neuen Methoden, Systeme und Vorlagen verpflichtend zu machen, damit ein Gewöhnungseffekt eintreten kann.

## Methoden des Veränderungsmanagements

Für die Unterstützung von Veränderungen gibt es unterschiedliche Methoden. Ein weit verbreitetes Modell ist das „Pinguin-Prinzip" mit der Problemstellung „Was machen wir, wenn der Eisberg schmilzt?". Es basiert auf den Forschungsarbeiten John Kotters, Professor an der Harvard Business School, über die Dynamik erfolgreicher Veränderungen. Das Pinguin-Prinzip beschreibt acht Schritte, wie Veränderungen in Organisationen nachhaltig und effektiv zum Erfolg geführt werden können. Es wird gezeigt, dass es in Veränderungsprozessen in der Regel mehr auf die Gefühle, Wahrnehmungen und das konkret Erlebbare der beteiligten Menschen ankommt, als auf stichhaltige Analysen und Argumente.

Insgesamt fasst das Pinguin-Prinzip die wesentlichen Bedingungen in acht zu berücksichtigende Schritte zusammen:

### 1. Schritt: Gefühl der Dringlichkeit wecken

Verstehen die Betroffenen, warum die Veränderung dringend und zwingend erforderlich ist, reduziert sich meist schon der Widerstand. Die Dringlichkeit für die Einführung und Etablierung eines systematischen Multiprojektmanagements kann sich aus massiver Ressourcenüberlastung, häufigem Misserfolg bis zu rufschädigender Wirkung oder aus gravierenden Missständen und bedrohten Lebensbedingungen der Bürgerinnen und Bürger ergeben.

### 2. Schritt: Leitungsteam zusammenstellen

In diesem Schritt lautet die Empfehlung, unbedingt mit einem Team aus Promotoren zu starten, um der Projektidee zunächst Kraft und Aufwind zu verleihen. Der Diskurs und die Konfrontation mit den Widerstandsgruppen sind meist unumgänglich, sie sollten jedoch von einem Team von Promotoren gemeinsam durchgeführt werden, um mehr Bestand zu haben. Promotoren bei der Einführung und Etablierung eines systematischen Multiprojektmanagements sind häufig projektaffine Bereiche, sofern sie nicht zu sehr um den Verlust ihrer Vormachtstellung bangen, außerdem Bereiche, die die Transparenz benötigen, um eine strategische Steuerung leisten zu können.

**3. Schritt: Ziel und eine Strategie für die Veränderung entwickeln**

An dieser Stelle verbinden sich Projekt- und Veränderungsmanagement unmittelbar. Vorgehen nach dem Pinguin-Prinzip verlangt an dieser Stelle die Zieldefinition sowie den Entwurf einer tragfähigen Planung für die Einführung und Etablierung eines systematischen Multiprojektmanagements, die adressatengerecht als Zielbild und Weg aufgezeigt werden können. Dies gibt allen Orientierung und die Sicherheit, eines planvollen Vorgehens. Die Vorgehensweise muss und sollte an dieser Stelle nicht bis ins letzte Detail festgeschrieben sein, da dies eine Mitwirkung verhindert. Mit vagen Ideen, ohne konkrete Pläne auf Stakeholder zuzugehen, erweist sich jedoch meist als desaströs und verhindert eine zielgerichtete Umsetzung.

**4. Schritt: um Verständnis und Akzeptanz werben**

Im vierten Schritt gilt es, alle Betroffenen zielgruppengerecht zu informieren und zu beteiligen. Hier spielt das Projektmarketing eine große Rolle, im Sinne seriöser und ernst gemeinter Information und Beteiligung. An dieser Stelle können Workshops mit unterschiedlichen Stakeholdern durchgeführt oder auch erste vorläufige Ergebnisse, wie Vorlagen für Projektberichte oder erste

Ausprägungen des Projektmanagementwerkzeugs gezeigt werden. Wichtig ist bei diesem Schritt,

- alle wesentlichen Stakeholdergruppen angemessen und planvoll einzubinden

- Informationsasynchronität zu vermeiden, da dies häufig zu neuem Unmut führt

- zu erkennen, wann eine weitere Diskussion nicht zielführend ist, da sie um des „Widerstands Willen" geführt wird.

## 5. Schritt: Möglichkeiten zur Mitarbeit aufzeigen

An dieser Stelle ist die Projektleitung gefordert, berechtigte Vorbehalte ernsthaft zu prüfen und zu reagieren. Dies kann darin resultieren, dass Pläne angepasst oder die notwendigen Änderungen für eine nächste Ausbaustufe in Sinne der kontinuierlichen Verbesserung vorgesehen werden.

Die beste Form der Beteiligung ist, die Mitarbeiterinnen und Mitarbeiter, an der Problemlösung zu beteiligen. Dies gilt insbesondere dafür, wenn das Wissen der Mitarbeiterinnen und Mitarbeiter sehr viel detailreicher und fachbezogen ist, aber auch wenn insbesondere die Mitarbeiterinnen und Mitarbeiter mit dem Ergebnis leben müssen. Vermieden werden sollte hier der Eindruck, dass die Projektleitung selbst noch nicht weiß, was sie möchte. Die Gesamtstrategie muss bekannt und allen bewusst sein. Gefährlich ist an dieser Stelle „Pseudopartizipation", wenn also der Anschein erweckt wird, dass Mitarbeit und die Ausarbeitung von Teilergebnissen willkommen und notwendig sei, in Wahrheit jedoch das Ergebnis bereits feststeht.

## 6. Schritt: für kurzfristige Erfolge (Quickwins) sorgen

Bei der Planung eines Projektes können und sollten meist kurzfristige Erfolge, sogenannte Quickwins, berücksichtigt werden. Diese machen das Projektziel anschaulich und greifbar. Positive Referenzerlebnisse zeigen die Machbarkeit und von den Beteiligten kann eine erhebliche Multiplikatorwirkung ausgehen. Bei der Einführung und Etablierung eines systematischen Multiprojektmanagements können Quickwins darin bestehen, dass frühzeitig Checklisten, Leitfäden oder erste Vorlagen zur Verfügung gestellt werden, ohne dass diese bereits komplett technisch umgesetzt und in die Gesamtmethodik eingebunden sind. Dies erfolgt im Rahmen der weiteren Projektumsetzung. Quickwins sollten spürbare Erleichterungen und Vorteile für die Mitarbeiterinnen und Mitarbeiter mit sich bringen. Außerdem schaffen Quickwins Sichtbares und damit Fakten, die damit das Ziel manifestieren.

## 7. Schritt: die Motivation aufrechterhalten

Zu frühe Verkündigung des Gesamterfolgs kann die Motivation der Beteiligten senken, daher ist eine schrittweise Vorgehensweise sinnvoll bei stetiger Fokussierung des Gesamtziels. Dazu gehört vor allem Regelmäßigkeit bei der Einbeziehung der Stakeholder, aber auch jederzeit Ausblick, auf die nächsten Schritte geben zu können. Die Motivation ergibt sich aus erkennbarem Nutzen und einer planvollen Vorgehensweise, die Orientierung für alle Beteiligten bietet. Wenn bei der Einführung Informationsdefizite entstehen und Stakeholdergruppen sich fragen, ob in dem Projekt „eigentlich noch etwas passiert" ist ein kritischer Punkt erreicht, Erreichtes kann zunichte gemacht werden und Gegensteuern ist dringend erforderlich.

Daher ist es bereits zu Beginn so wichtig, dass Projekt zur Einführung und Etablierung eines systematischen Multiprojektmanagements bis zum Ende zu durchdenken. Eine gleichmäßige Durchführungsgeschwindigkeit beizubehalten ist meist erfolgversprechender als Aktionismus gefolgt von „Stille um das Projekt".

**8. Schritt: Entwickeln einer neuen Kultur.**

Eine neue Kultur entwickelt sich durch Vorbild, Glaubwürdigkeit und Mut sowie Entschlossenheit zur Veränderung. Sie ist eine Frage der Nachhaltigkeit von Lösungen und wie gut die neuen Vorgehensweisen in den Arbeitsalltag und die Routinen integriert werden.

Im Kern der Veränderung steht das Projektteam, das im Idealfall die verschiedenen Strömungen (z.B. nach Beschäftigungsgruppen, aber auch Meinungen und Blickwinkel) der Organisationsmitglieder repräsentiert. Darüber hinaus wird beim Pinguin-Prinzip die Bedeutung eines Machtpromotors hervorgehoben. Letztendlich wird manchmal auch jemand benötigt, der bereit und fähig ist, schwerwiegende Hindernisse aus dem Weg zu räumen.

## Projektmarketing

Projektmarketing beschreibt die Präsentation und Darstellung eines Projekts in seinem Umfeld sowie die Integration des Projektumfelds im Sinne der Projektziele. Ziel des Projektmarketings ist es, die Akzeptanz aller Betroffenen und Beteiligten zu steigern, das Projektumfeld positiv zu gestalten und so die Erreichung der Projektziele wahrscheinlicher zu machen. Das Projektmarketing leistet einen wesentlichen Beitrag dazu, ein

Projekt erfolgreich abzuschließen und ist ein Schlüsselfaktor für den Projekterfolg.

## Öffentliche Verwaltung und Marketing

Die Organisationen der öffentlichen Verwaltung tun sich häufig schwer mit gezieltem Projektmarketing. Dabei kann auf der einen Seite Bescheidenheit oder fehlendes Selbstbewusstsein in Bezug auf die erreichten Leistungen der Grund sein. Zum anderen wird häufig die Notwendigkeit auch nicht gesehen, denn „das Ergebnis spricht für sich".

In der öffentlichen Verwaltung ist zudem der Wettbewerbsgedanke, der wesentlicher Treiber von Marketing bzw. Projektmarketing in anderen Branchen ist, häufig weitestgehend fremd.

Dies führt dazu, dass entsprechendes Wissen und dafür verfügbare Ressourcen nicht systematisch aufgebaut werden und in der Folge auch nicht zur Verfügung stehen.

## Effekte des Projektmarketings

Projektmarketing hat neben der Außenwirkung vor allem auch einen Innenwirkung.

Noch vor dem Projektstart kann damit Akzeptanz bei den Betroffenen geschaffen werden. Das Projekt wird dazu zunächst bekannt gemacht, um die Projektidee zu verankern sowie die Ziele dahinter und den Nutzen des Projekts für Organisation darzustellen. Die Wirkung nach außen kann auch erheblich das „Wir-Gefühl" innerhalb des Projektteams und die Identifikation mit dem Projekt stärken.

Im Projektverlauf dient Projektmarketing dazu, die Motivation, die positive Haltung zum Projekt und die Einbindung zu bewahren und den Nutzen des Projektes sowie Teilerfolge zur Überzeugung von Skeptikern, Bremsern und Widerständlern aufzuzeigen.

Nach Abschluss des Projekts sollten vor allem die Ergebnisse bedarfsgerecht den Interessengruppen dargestellt werden und für zukünftige Projekte eine positive Wirkung entfalten.

| Start | Durchführung | Abschluss |
|---|---|---|
| • Unterstützung sichern<br>• neue Unterstützer ansprechen<br>• Anregungen/Ideen sammeln<br>• Beteiligte informieren<br>• Ressourcen sichern<br>• Reichweite erzielen | • Motivation aufrecht erhalten<br>• Akzeptanz erhöhen<br>• Probleme frühzeitig erkennen<br>• Überzeugung von Kritikern durch Zwischenergebnisse<br>• Wir-Gefühl stärken<br>• auf weitere Veränderungen vorbereiten | • für Erfolg werben<br>• sich für Projekte empfehlen<br>• Akzeptanz / Vertrauen für zukünftige Projekte steigern<br>• Ansprechpartner kommunizieren<br>• Lob und Anerkennung aussprechen |

Abbildung 36: Ziele von Projektmarketing in den einzelnen Projektphasen

## Methoden des Projektmarketing

Die Methoden des Projektmarketings leiten sich aus den Methoden des Produktmarketings ab.

So gehören **Branding-Maßnahmen** wie Projektbezeichnung, Projektlogo und Projektslogan dazu, um zu Beginn eine Projekt-Identität zu schaffen. Sie hilft bei der internen und externen Positionierung und Wiedererkennung und gibt den Projektmitarbeitern Orientierung und Bindung. Ein Projekt zur Einführung und Etablierung eines systematischen Multiprojektmanagements wird häufig beispielsweise als

„Projektmanagement 2.0" bezeichnet werden, um damit auszudrücken, dass es eine Fortführung bewährter Methoden bei gleichzeitiger Weiterentwicklung und Modernisierung ist.

**Newsletter und zielgruppenspezifische Berichte** ermöglichen eine sachgerechte und umfassende Darstellung von Hintergründen und Entwicklungen.

Ein Set an unterschiedlichen Marketing- und Kommunikationsformaten wie **Broschüren, Factsheets, Filmen, Basispräsentationen sowie Informationen im Internet und Intranet** vermittelt grundlegende Inhalte zum Vorhaben und schaffen Transparenz.

Aufbau und Betreuen von **themenspezifischen Communities**, die anlassbezogene Informationen zum Austausch und Dialog nutzen, erzeugen Sichtbarkeit und die kontinuierliche Einbindung von Stakeholdern.

**Digitale Medien und Plattformen wie Twitter, Instagram, Facebook und YouTube** sind reichweitenstarke Möglichkeiten, um auf besondere Veranstaltungen, Podiumsdiskussionen und Vorträge zum Thema aufmerksam zu machen.

In den verschiedenen Projektphasen werden unterschiedliche Instrumente des Projektmarketings eingesetzt. Aktives oder bilaterales Projektmarketing fördert dabei den Austausch. Die passiven oder unilateralen Maßnahmen zielen auf die Bereitstellung von Informationen oder Botschaften.

| Projektstart | |
| --- | --- |
| aktive Maßnahmen | passive Maßnahmen |
| • Kickoff-Meeting<br>• Workshops zu einzelnen Themengebieten<br>• Projektevent mit Möglichkeit für Fragen und formellem und informellem Austausch<br>• „Runde Tische", die themenbezogen Austausch in einer kleineren Runde ermöglichen<br>• Einzelgespräche mit besonders einflussstarken und ablehnenden Stakeholdern | • Branding-Maßnahmen wie Projektname, Slogan oder Logo<br>• Newsletter und zielgruppenspezifische Berichte<br>• Bereitstellung von aktuellen Informationen durch Projektbroschüre oder Intranet<br>• Rundschreiben zur Kommunikation von Entscheidungen durch die Leitungsebene<br>• Projektportale im Internet |

In der Projektdurchführung geht es darum, die Kommunikation zu verstetigen. Zudem werden in dieser Phase Instrumente eingesetzt, die die Reichweite erhöhen.

| Projektdurchführung | |
|---|---|
| aktive Maßnahmen | passive Maßnahmen |
| • Regelmäßige Informationsveranstaltung mit Möglichkeit zum Austausch <br><br> • Diskussionsforen (online oder in Präsenz) <br><br> • Workshops zu weiteren Themengebieten oder mit einem erweiterten Teilnehmerkreis | • Regelmäßige Newsletter und zielgruppenspezifische Berichte <br><br> • regelmäßige Bereitstellung von aktuellen Informationen im Intranet oder Projektportal <br><br> • Rundschreiben bei Erfolgen oder Entscheidungen <br><br> • Pressemitteilung <br><br> • Social- Media - Kommunikation <br><br> • Projektfilm zum Verlauf <br><br> • Giveaways (Tasse, Kugelschreiber,.. mit Branding) zur Steigerung der Identifikation und positiven Erwartung |

Das Projektmarketing am Ende eines Projektes dient der Dokumentation. Bis zu einem verträglichen Grad kann die Projektleitung sich hier auch die „Deutungshoheit" des Projekterfolgs zu Nutze machen. Der Glaubwürdigkeit zuträglich ist, wenn hier tatsächliche Betroffene auch zu Wort kommen.

| Projektabschluss | |
|---|---|
| aktive Maßnahmen | passive Maßnahmen |
| • Abschlussveranstaltung mit Präsentation der Ergebnisse und Möglichkeit für Fragen<br>• Lessons Learned Workshops<br>• Evaluationen, um verbleibende Kritik in zukünftigen Ausbaustufen zu berücksichtigen<br>• Abschlussfest<br>• Pressekonferenz | • Newsletter und zielgruppenspezifische Berichte, Projektmappe zur Dokumentation<br>• Erfahrungsberichte und O-Töne von Nutzern<br>• abschließende Informationen im Intranet oder Projektportal<br>• Pressemitteilungen<br>• Social - Media - Kommunikation |

Um die Maßnahmen des Projektmarketings über den gesamten Projektlebenszyklus planvoll und zielführend einzusetzen, bietet es sich an, die geplante Abfolge als Kommunikationsmatrix abzubilden.

Eine Kommunikationsmatrix kann stakeholderorientiert, phasenorientiert oder informationsobjektorientiert aufgebaut werden. Sie stellt die Gesamtheit der Kommunikationsmaß-nahmen dar und wird im, Projektverlauf regelmäßig aktualisiert.

| Zeitpunkt | | | | Inhalt | | | Maßnahme | | | Vorgehen | | Status |
|---|---|---|---|---|---|---|---|---|---|---|---|---|
| KW | Jahr | Monat | Tag | Botschaft (Freitext) | Thema/ Anlass (Freitext) | Informationsobjekte | Stakeholder | Kommunikations-/ Beteiligungsformat | Berichtstyp/Zyklus | Verantwortlich | Projektphase | Erledigt/ in Arbeit/offen |
| | | | | | | | | | | | | |

Abbildung 37: Beispiel Kommunikationsmatrix

# 10. Welche Erfolgsbeispiele gibt es für Multiprojektmanagement in der öffentlichen Verwaltung?

Es gibt zahlreiche Organisationen der öffentlichen Verwaltung, die sich in den letzten Jahren auf das Management von Projekten auf unterschiedliche Weise eingestellt haben, wie

- Schulungen von (einzelnen) Mitarbeiterinnen und Mitarbeitern

- die Entwicklung von Vorlagen für Pläne und Berichte

- die Organisation von projektorientierten Unternehmenseinheiten

- die Verstärkung des Projektmarketings und Verknüpfung mit Social Media

- die Einrichtung von Organisationseinheiten zur Unterstützung des Projektmanagements, wie Project Management Offices

- Einführung und Anpassung von Projektmanagement-Software zur werkzeuggestützten Erstellung von Plänen und Berichten

Die Einführung eines systematischen Projektmanagements umfasst alle genannten Punkte, aber erst die Abstimmung,

Koordination und Harmonisierung der Einzelmaßnahmen führen zu einem durchgängigen Multiprojektmanagement.

Die nachfolgenden Beispiele zeigen unterschiedliche positive Perspektiven auf das Thema „Multiprojektmanagement in der öffentlichen Verwaltung".

## Bundesverwaltungsamt (BVA)

Als beispielhaft für ein durchgängiges Multiprojektmanagement ist das Bundesverwaltungsamt (BVA) zu nennen. Ursachen der Bemühungen um das Thema Projektmanagement waren ein starker Anstieg der Anzahl von Projekten und darauf resultierende Probleme, wie

- Ressourcenknappheit,

- Entscheidungen wurden von Einzelpersonen dominiert,

- die Stakeholder wurden nur teilweise und nicht umfassend genug beteiligt,

- es herrschte wenig Transparenz über Projekte und Entscheidungswege und daraus resultierend

- kaum Überblick über die immer komplexer werdende Projektlandschaft.

Um diesen Herausforderungen zu begegnen, wurde ein durchgängiges Multiprojektmanagement entwickelt und etabliert. Dieses umfasste neben Prozessen, Vorlagen und Werkzeugen für das operative Projektmanagement, Gremien und Prozesse für das Portfoliomanagement.

Im Sinne der Priorisierung werden dort Projekte von der Projektidee bis zur Umsetzungsentscheidung bewertet und dann in das regelmäßige Controlling überführt.

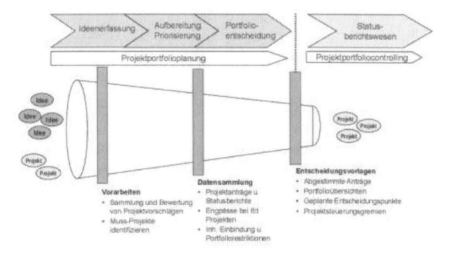

Abbildung 38: Ablauf von Multiprojektmanagement im Bundesverwaltungsamt (Quelle: Schönert, Münzberg, Staudt: Projektmanagement in der öffentlichen Verwaltung)

Die Erfahrungen aus neun Jahren spiegeln die „Dos und Don'ts", die für die Einführung von Projektmanagement gelten, wider. Als **Erfolgsfaktoren** gelten:

- mit Beginn des Projektes die Stakeholder zu identifizieren, diese in geeigneter Weise zu informieren und einzubinden und dabei den Mehrwert für den Einzelnen im Blick zu haben,

- einflussreiche Unterstützer frühzeitig zu adressieren und deren Multiplikatorwirkung und Überzeugungskraft zu nutzen,

- Erfahrungen in projektaffinen Bereichen sammeln, die die Machbarkeit zeigen und Lerneffekte beim Projektteam fördern,

- nicht Perfektion anzustreben, sondern „einfach und zügig" starten,

- eine zentrale Organisationseinheit für Projektmanagement (PMO) einzurichten, stärkt die Etablierung des Projektmanagements, macht es verlässlicher und dauerhafter,

- die Entwicklung eines Projektmanagementhandbuchs oder eines Projektmanagement Leitfadens gibt Orientierung und schafft verbindliche Prozesse.

Als wesentliche **Hausforderungen** auf dem Weg zu einem systematischen Multiprojektmanagement werden demgegenüber gesehen:

1. die anfängliche intensive Beschäftigung mit der Softwareauswahl. Damit steigt die Gefahr, dass sich der Fokus von der Organisation weg und hin zur Software verlagert.

    - der Mangel an integrierten Prozessen. Projektmanagement muss in die Stammorganisation mit ihren Prozessen eingegliedert werden und auch in sich abgestimmte Prozesse haben, um durchgängig innerhalb und außerhalb von Projekten zu wirken.

    - wie bei jedem Vorhaben, besteht auch bei der Einführung von Multiprojektmanagement die Gefahr, es „zu übertreiben". Davor warnen die Beteiligten des BVA deutlich und dies deckt sich mit allen Erfahrungen bei der Einführung von Multiprojektmanagement.

## Regierung von Südaustralien

Als weiteres bemerkenswertes Beispiel soll hier das Beispiel der Regierung von Südaustralien aufgezeigt werden. Vorweggenommen zeigt dies insbesondere zwei wichtige Aspekte auf: **Wandel gestalten** und **Projektmarketing.**

Ausgangspunkt der Bemühungen waren die Beobachtungen, dass immer mehr und immer größere Projekte durchgeführt wurden, deren Ergebnis und eine beobachtbare Wirkung oft jahrelang auf sich warten ließen.

Bekannt ist, dass mit der Größe eines Projektes hinsichtlich Projektinhalt und Anzahl der Beteiligten die Komplexität des Projektes steigt. Das Projektmanagement muss damit häufig bei auf viele Jahre angelegten Vorhaben mit Millionenbudgets komplexitätsreduzierend wirken. Ausgangspunkt der Überlegungen war daher, ob dies nicht bereits bei der Definition eines Projektes berücksichtigt werden könne. Abhilfe bei immer komplexeren Projekten wurde in der Regierung von Südaustralien in der **Priorisierung von umfangreichen Anforderungen und dem Zuschnitt insgesamt kleinerer Projekte** gesehen.

Dazu rief im Jahr 2012 der Premierminister Jay Weatherill zu den sogenannten „90-Days-Projects" auf. Der Zweck der „90-Days-Projects" besteht darin, ein „spürbares und komplexes Problem" innerhalb eines Projektes mit der Dauer von 90 Tagen einer Lösung zuzuführen. Die Erfolgsrate und Umsetzungsgeschwindigkeit von Ergebnissen auf der Basis eines stringenten Projektmanagements konnte damit eklatant gesteigert werden.

Selbstredend können nicht alle Projekte innerhalb von 90 Tagen umgesetzt werden, dennoch ist der Ansatz, Projekte auf ihre wesentlichen Inhalte zu reduzieren und nach Evaluation der Ergebnisse gegebenenfalls weitere Projekte aufzusetzen, überlegenswert.

Die Gremien der Regierung von Südaustralien prüfen ebenso wie das BVA jede Projektidee auf deren Zukunftsfähigkeit und Strategiebeitrag. Zur Konkretisierung der Projektideen werden Workshops nach den Methoden des Design Thinking durchgeführt. Insgesamt folgt das gesamte Multiprojektmanagement definierten Prozessen bei gleichzeitigem Freiheitsgrad für die Projektumsetzung. Das auf neunzig Tage festgelegte „Time-Boxing", ein Ansatz aus dem agilen Projektmanagement, hilft nach eigenen Aussagen, innovative Vorhaben mit einem Fokus auf die Umsetzbarkeit und die Wirkung für die Öffentlichkeit zu realisieren.

*"Projects can progress through the 90-days, benefiting from being time-boxed with a focus on innovative solutions and positive outcomes."*

Der Status und die Ergebnisse bzw. deren erzielte Wirkung werden laufend der Öffentlichkeit durch ein systematisches **Projektmarketing** zugänglich gemacht und damit sichtbar für diejenigen, für die die Projekte durchgeführt werden.

Abbildung 39: 90 Days Projects Süd-Australien (Quelle: https://publicsector.sa.gov.au/culture/90-day-projects)

## Stadt Köln

Die Einführung eines Projektmanagementstandards in einer Kommune stellt eine besondere Herausforderung dar, da sehr viele unterschiedliche Projekte mit den jeweiligen Spezifika umgesetzt werden. Gleichzeitig machen die Anzahl und die Heterogenität der Projekte auch die Einführung eines Projektmanagementstandards besonders notwendig, um einen Überblick und Steuerungsfähigkeit für die Leitungsebene und Transparenz auf der Projektebene sowie zwischen den Ämtern zu schaffen.

Ausgehend von der strategischen Steuerung und mit Rückendeckung der Oberbürgermeisterin wurde das Projekt „Einführung eines stadtweiten Projektmanagements" bei der Stadt Köln initiiert. Der Standard sollte sowohl für klassische, agile und hybride, für große und kleine, für alle Projektinhalte von Bau-, über IT- bis hin zu Kulturprojekten einsetzbar sein. Dies ist eine weitgehende und damit auch zukunftssichere Anforderung. Die meisten Organisationen der öffentlichen Verwaltung berücksichtigen bislang ausschließlich klassisches Projektmanagement.

Mit Projektbeginn wurde zudem die Anforderung definiert, einen minimalen Standard zu entwickeln, der eine hohe Akzeptanz erfährt und größtmögliche Freiheitsgrade für Projektcharakteristika ermöglicht.

Das Kernteam wurde zum einen aus Vertreterinnen und Vertretern projektaffiner Bereiche zusammengestellt, um die bestehenden Projekterfahrungen nutzen zu können und zum anderen wurde die Leitungsebene integriert, um die Anforderungen an Kennzahlen und zukünftigen Informationsbedarf frühzeitig berücksichtigen zu können. Gemeinsam mit dem Kernteam wurden Vorschläge entwickelt, die dann durch Projektwerkstätten mit allen Stakeholdergruppen erlebbar gemacht und weiterentwickelt wurden.

So gelang es innerhalb von sechs Monaten eine an internationale Projektmanagementstandards angelehnte für die Stadt Köln passende Projektmanagementmethodik zu entwickeln, die Prozesse beschreibt und Werkzeuge für Planung, Controlling und Abschluss von Projekten zur Verfügung stellt.

Die Entwicklung aller Leistungsbestandteile des Projektes erfolgte agil. Dazu wurden in regelmäßigen Abständen, Versionen eines Projektmanagementhandbuchs sowie eines Projektinformationssystems und dessen Dashboards entwickelt und wiederum in Projektwerkstätten einem Review unterzogen.

Nach Abschluss des Entwicklungsprojektes erfolgte die Einführung des Projektmanagementstandards nach Methoden des klassischen Projektmanagements, da das Ziel definiert und darüber hinaus weitere Ausbaustufen geplant waren.

Das Ziel „minimaler Standard – maximale Freiheitsgrade" konnte erreicht werden. Feinjustierungen der Projektmethodik werden im Zuge der nachfolgenden und bereits geplanten Ausbaustufen berücksichtigt.

Als sinnvoll und zielführend erwies sich, insbesondere Promotoren von Beginn an einzubeziehen sowie die Methodik an Pilotprojekten zu testen. Für den Wissensaufbau wurde temporär und mit festgelegtem Ziel externe Unterstützung hinzugezogen. Insbesondere galt es jedoch – und dies konnte erreicht werden – Projektmanagementwissen in der Organisation zu verankern, auszubauen und für künftige Projekte vorzuhalten.

# Zehn Fragen - zehn Antworten

## Warum ist Multiprojektmanagement in der öffentlichen Verwaltung so wichtig?

In der öffentlichen Verwaltung werden eine Vielzahl von Projekten durchgeführt. Ein organisationsweiter Ansatz des Multiprojektmanagements sorgt für die Durchführung strategisch bedeutsamer Projekte, den gezielten Einsatz von Ressourcen und macht eine Organisation letztendlich zu einer lernenden und sich stetig verbessernden Organisation, da ein Transfer zwischen den Projekten möglich ist. Die Projekte können nach methodischen Standards umgesetzt werden, so dass das Projektmanagement in den Hintergrund tritt und die Mitarbeiterinnen und Mitarbeiter sich auf die Projektinhalte konzentrieren können. Das macht Projekte kalkulierbarer und im Endeffekt erfolgreicher.

## Was sind die Erfolgsfaktoren und die Besonderheiten von Projekten in der öffentlichen Verwaltung auf Bundes-, Landes- und kommunaler Ebene?

Projekte der öffentlichen Verwaltung sind durch unterschiedliche Besonderheiten und spezifische Rahmenbedingungen der öffentlichen Verwaltung geprägt. Dazu gehören:

- Nähe zur Politik

- hierarchische Organisationsstrukturen in der öffentlichen Verwaltung

- Hohe Funktionsorientierung und Spezialisierung

- Umfeld mit widersprüchlichen Zielen

- Öffentlichkeit und die Medien haben ein hohes Interesse

- Komplexes Netz aus Interessengruppen

- Zusammenarbeit mit anderen Behörden

- Politische Oppositionen

- Vielzahl von Verwaltungsvorschriften

- Vorgegebene Ressourcen und Finanzen

- geringe Verfügbarkeit von Projektmanagement-Fachwissen

- Leistungen und Output schwer messbar wegen Gemeinwohl

- Geringe Fehlertoleranz und demzufolge vorsichtige Entscheidungen

- kaum Möglichkeiten für Anreize in der Projektarbeit

Auf den Ebenen der öffentlichen Verwaltung – Bund, Land, Kommune – unterscheiden sich die Zuständigkeiten. Dies kann sich in unterschiedlichen Beteiligungspflichten ausdrücken, wobei insbesondere bei Kommunen die Beteiligung der Öffentlichkeit wesentlich ist, was auf Landes- und Bundesebene meist nur mittelbar der Fall ist.

# Welche Formen von Multiprojektmanagement lassen sich unterscheiden?

Es werden zwei Formen von Multiprojektmanagement unterschieden, das Projektportfoliomanagement und das Programm Management.

# Was sind die Besonderheiten des Großprojektmanagements - Programm Managements und welche Methoden berücksichtigen diese?

Ein Programm ist eine Menge von Projekten, deren gemeinsames Ziel das Programmziel ist. Die Projekte haben demnach Ziele, die einen Programmbeitrag darstellen. Programm Management erfordert insbesondere koordinierende und komplexitätsreduzierende Methoden, wie Ergebnisplanung und Schnittstellenmanagement.

# Was sind die Besonderheiten des Portfoliomanagements und seiner Methoden?

Im Portfoliomanagement werden alle Projekte einer Organisation betrachtet, bewertet, priorisiert und gesamtheitlich gesteuert. Dazu werden Methoden zur multidimensionalen Bewertung und Priorisierung eingesetzt, um den Fokus einer Organisation und ihrer Ressourcen auf die wesentlichen Projekte richten zu können.

# Wie entwickelt sich Multiprojektmanagement weiter?

Insgesamt ist ein Anstieg der Projektanzahl in allen Branchen zu beobachten. Dies resultiert häufig aus dem Zwang zur Innovation für Unternehmen durch die Digitalisierung und führt dazu, dass das Multiprojektmanagement eine Vielzahl von Projekten gesamtheitlich steuern muss.

Die steigende Anzahl von Projekten bringt häufig organisatorische Veränderungen in Richtung projektorientierte Unternehmen oder projektorientierte Unternehmenseinheiten mit sich.

Die parallele Durchführung von agilen, hybriden und klassischen Projekten macht eine Vergleichbarkeit und damit einheitliche Steuerung der Gesamtheit der Projekte herausfordernder.

## Was sind die Herausforderungen auf dem Weg zum Multiprojektmanagement?

Die Herausforderungen ergeben sich aus den Charakteristika der öffentlichen Verwaltung und bestehen insbesondere in:

- Harmonisierung der bestehenden Interessenvielfalt

- Etablierung einer projektförderlichen Kultur

- Ermöglichung von projektbezogenen Karrierepfaden

- Einbindung von Macht- und Fachpromotoren

- kontinuierlicher, systematischer und zielgruppengerechter Wissensaufbau

## In welchen Schritten wird Multiprojektmanagement in der öffentlichen Verwaltung etabliert?

Multiprojektmanagement basiert auf einem etablierten Projektmanagement. Daher ist zunächst ein Projektmanagement-standard zu entwickeln und zu etablieren und darauf aufbauend Multiprojektmanagement in Form von Programm Management und Portfoliomanagement.

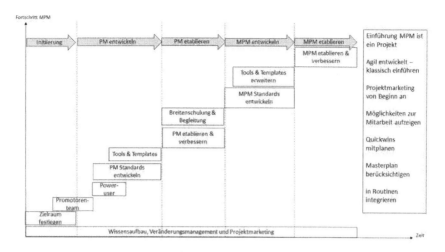

Abbildung 40: Vorgehensmodell zur Etablierung von Multiprojektmanagement

## Was unterstützt die Einführung von Multiprojektmanagement?

Die systematische Anwendung von Methoden des Veränderungsmanagements, kombiniert mit Methoden des Projektmarketings, kann die Umsetzung erheblich unterstützen, da Unsicherheiten und Vorbehalte reduziert werden.

## Welche Erfolgsbeispiele gibt es für Multiprojektmanagement in der öffentlichen Verwaltung?

Es gibt zahlreiche Organisationen der öffentlichen Verwaltung, die in den letzten Jahren das Management von Projekten auf unterschiedliche Weise beherrschbarer gemacht haben.

Das Bundesverwaltungsamt zeigt einen systematischen und durchgängigen Aufbau eines Multiprojektmanagements.

Die Regierung von Süd-Australien zeigt mit ihrem 90-Days-Projects-Ansatz wie Agilität auch auf Portfolioebene erreicht werden kann und wie durch kürzere Projekte die Anzahl und die Relevanz der Projekte gesteigert werden können.

Das Beispiel der Stadt Köln spiegelt die Forderung einer Oberbürgermeisterin nach Transparenz wider und verdeutlicht, wie orientiert an einem Vorgehensmodell stringent ein durchgängiges Projektmanagement geschaffen werden kann.

# Weiterführende Literatur

## Projektmanagement

Bea, Franz Xaver, Scheurer, Steffen, Hesselmann, Sabine: Projektmanagement, utb, 2019.

Timinger, H.: Modernes Projektmanagement: Mit traditionellem, agilem und hybridem Vorgehen zum Erfolg, Wiley, 2017.

Schönert, S.: Die ersten 100 Tage im Projekt, SP, 2018.

## Multiprojektmanagement

Seidl, J.; Hüsselmann, C.: Multiprojektmanagement: Herausforderungen und Best Practices, symposion, 2015.

Görtz, B.; Schönert, S.; Thiebus, K.-N.: Programm-Management: Großprojekte planen, steuern und kontrollieren, Hanser, 2012.

## Beispiele Projektmanagement in der öffentlichen Verwaltung

Schönert, S.; Münzberg, M.; Staudt, D.: Projektmanagement in der öffentlichen Verwaltung: Best Practice in Bund, Ländern und Kommunen, symposion, 2016.

# Glossar

| | |
|---|---|
| 90-Days-Projects | 90-Days-Projects stehen für eine Vorgehensweise, um innerhalb von 90 Tagen in Form von Projekten spürbare Verbesserungen zu schaffen. |
| Ablaufplan | Ein Ablaufplan stellt die sachlogische Reihenfolge von Teilprojekten, Arbeitspaketen oder Aktivitäten dar. Es wird dort abgebildet, welche Teilprojekte, Arbeitspakete oder Aktivitäten parallel durchgeführt werden können und welche nacheinander angeordnet werden müssen. |
| Abnahme | Abnahmen finden begleitend während der Projektlaufzeit und am Projektende statt. Die Auftraggeberin oder der Auftraggeber akzeptiert die erbrachte Leistung. |
| Abschlussbericht | Der Abschlussbericht wird von der Projektleitung erstellt, um die Projektergebnisse zusammenzufassen und die Erreichung des ursprünglichen Ziels zu bewerten. Der Abschlussbericht beinhaltet außerdem die Projekterfahrungen. |
| Agile Projekte | Agile Projekte werden vollständig und durchgängig nach agilen Methoden, wie z.B. Scrum durchgeführt. |
| Arbeitspaket | Arbeitspakete sind die kleinsten Einheiten eines Projektstrukturplans. |

|  | Dauer, Ziel, Gegenstand und Verantwortlichkeiten sind je Arbeitspaket zu definieren. |
|---|---|
| Auffrischungsschulung | Auffrischungsschulungen dienen dazu die Lücke zwischen der Tiefenschulung und dem Einsatz bzw. der Anwendung im Arbeitsalltag zu schließen. Es werden dort wesentlich Inhalte wiederholt, letzte offene Fragen geklärt und Sicherheit für den anstehenden Umgang mit den neuen Vorgehensweisen oder Prozessen vermittelt. |
| Berichtswesen | Berichtsbedarfe müssen identifiziert und der Umgang mit ihnen definiert werden. Dazu sind geeignete Formate, Medien und Berichtsweg, die Regeln (Hol- oder Bringschuld) im Umgang mit diesen Informationen sowie die Kommunikation zwischen den Beteiligten festzulegen. Die Festlegung erfolgt in Abstimmung mit den Stakeholdern. Das Berichtswesen ist projektspezifisch. Es wird unterstützt durch standardisierte Statusberichte. |
| Best Practices | Eine Best Practice bezeichnet eine bewährte Vorgehensweise, um ein Vorhaben möglichst optimal durchzuführen. Es ist eine Art Vorlage, die genutzt wird, um ein definiertes Ergebnis zu erreichen. Best Practice übersetzt heißt „hervorragende Praxis". Aus diesem Grund gelten Best Practices als Erfolgsrezepte, die Organisationen im |

Laufe der Zeit entwickelt haben, und die sie in passenden Situationen, wie Projekten anzuwenden.

Brainstorming | Brainstorming ist eine Kreativitätstechnik, bei der eine Gruppe von Personen gemeinsam versucht, eine Fragestellung durch die Sammlung und Weiterentwicklung von Ideen zu beantworten. Ziel des Brainstormings ist, viele Ideen zu generieren und sich dabei gegenseitig anzuregen.

Branding | Branding bezeichnet die Verbindung eines Produkts oder eines Projekts mit konkreten Botschaften und Emotionen, um daraus positive Wirkungen abzuleiten sowie Identifikation und Wiedererkennung zu ermöglichen.

Controlling | Controlling umfasst, aufbauend auf einer Planung, die Steuerung und Kontrolle eines Betrachtungsbereiches (Unternehmen, Projekt,...). Im Controlling werden Soll- und Ist-Werte miteinander verglichen (Kontrolle) und bei Abweichungen Maßnahmen ergriffen (Steuerung).

DIN 69901 | Die DIN-Normenreihe beschreibt Grundlagen, Prozesse, Prozessmodell, Methoden, Daten, Datenmodell und Begriffe im Projektmanagement.

Ergebnisplanung | Die Ergebnisplanung ist eine Methode, die im Programmmanagement angewendet wird, um Komplexität zu reduzieren. Das Ziel der Ergebnisplanung ist, den Gesamtauftrag eines Programms in messbare und in sich abgeschlossene Ergebnisse zu unterteilen. Hierdurch werden Ergebnisse (im Gegensatz zu Aktivitäten) zum Gegenstand der Planung und Steuerung des Programms.

Factsheet
Ein Factsheet beinhaltet die wichtigsten Fakten zu einem Thema, wie einem Projekt. Die Inhalte werden von der Wissenstiefe auf Zielgruppen angepasst, damit, die Zusammenhänge schnell verständlich sind. Das Factsheet sollte bei Bedarf Hinweise oder Links auf tiefergehende Informationen enthalten sowie Ansprechpartner und andere Quellen zum Thema nennen.

Fortschrittskontrolle
Der Schwerpunkt der Fortschrittskontrolle ist die Bewertung von (Teil-)Ergebnissen. Bei der Fortschrittskontrolle werden vorab die gewünschten Projektziele bzw. -ergebnisse definiert und anschließend kontrolliert. Fortschrittskontrolle ist ein Kompromiss zwischen der reinen Ergebnisüberwachung und einer kontinuierlichen Überwachung. Es werden die (Zwischen-)Ergebnisse bewertet ohne den jeweiligen Entstehungsprozess zu berücksichtigen.

Großprojekte
Es gibt keine einheitliche Definition, ab wann ein Projekt ein Großprojekt ist. Die

|  | „Größe" wird über Faktoren, wie Zeit, Budget, Beteiligte oder Komplexität erfasst. Ob ein Projekt als Großprojekt gilt, hängt wesentlich von der Größe und der Projekterfahrung eines Unternehmens ab. Zunehmend setzt sich der Begriff "Programm" für Vorhaben mit besonderer Größe und Komplexität durch. |
|---|---|
| Hybride Projekte | Hybride Projekte nutzen unterschiedliche Projektmanagementmethoden, wie etwa eine Kombination aus klassischen und agilen Methoden. |
| Hybrides Projektmanagement | Hybrides Projektmanagement bezeichnet die Kombination unterschiedlicher Projektmanagementmethoden mit dem Ziel, einen für ein Projekt zielführenden Methodenmix zu erstellen und anwenden zu können. |
| Informationsasynchronität | Informationsasynchronität beschreibt die Situation, dass Einzelne oder bestimmte Gruppen Informationsvorsprünge gegenüber anderen Teilnehmerinnen oder Teilnehmern bzw. gegenüber anderen Gruppen haben. |
| Interdependenzen | Interdependenz bedeutet wechselseitige Abhängigkeit (Dependenz). Im Projektmanagement werden damit wechselseitige Abhängigkeiten zwischen Projekten beschrieben. |
| International Project Management Association | Die International Project Management Association (IPMA) ist ein Dachverband |

|  | für Projektmanagement, der Länderverbände angehören. Für Deutschland ist dies die Gesellschaft für Projektmanagement (GPM). |
|---|---|
| Iteration | Iteration beschreibt einen Prozess mehrfachen Wiederholens gleicher oder ähnlicher Handlungen zur Annäherung an eine Lösung oder ein bestimmtes Ziel. Iterationen werden im agilen Projektmanagement eingesetzt. |
| Kanban Board | Ein Kanban Board ist ein Werkzeug zur Abbildung und Visualisierung eines Ablaufes und eine der Komponenten der Kanban-Methode des agilen Projektmanagements. |
| Kennzahlen | Kennzahlen sind Zusammenfassungen von Informationen in Form von quantitativen Werten für den projektbezogenen, innerorganisatorischen oder auch organisationsübergreifenden Vergleich. |
| Key Stakeholder | Stakeholder sind Personen oder Gruppen, die ein berechtigtes Interesse am Projektergebnis und/oder am Projektverlauf haben. Besonders einflussreiche Stakeholder werden als Key Stakeholder bezeichnet. |
| Kickoff-Workshop | Ein Kick-off markiert den Auftakt eines Projekts, zu dem sich das Projektteam und Vertreter weiterer Stakeholder meist erstmalig offiziell treffen. Je nach Organisation und Rahmendedingungen |

| | |
|---|---|
| | lernt sich das Projektteam kennen und tauscht sich über das Projekt, die Projektziele und das Projektvorgehen aus. |
| Kommunikationsmatrix | Eine Kommunikationsmatrix bildet sowohl die Berichtsbedarfe als auch die sonstige Kommunikations- und Beteiligungsmaßnahmen im Sinne des Projektmarketings ab. Sie wird stakeholderorientiert, phasenorientiert oder informationsobjektorientiert entworfen. |
| Komplexität | Komplexität wird auch als Vielschichtigkeit bezeichnet. Eine hohe Anzahl von Elementen (wie z.B. Teilprojekten) mit unterschiedlichen Merkmalen stehen dabei in vielfältigen Beziehungen zueinander. |
| Kostenplanung | Bei der Kostenplanung handelt es sich um die Aufwandsschätzung und die Darstellung für die Durchführung des Projektes anfallenden, voraussichtlichen Kosten der einzelnen Vorgänge oder Arbeitspakete. |
| Kritikalität | Die Kritikalität bezeichnet beim Schnittstellenmanagement die Bedeutung und Notwendigkeit der Abstimmung von Zusammenhängen (Abhängigkeiten) zwischen Projekten. |
| Lernende Organisation | Als lernende Organisation wird eine sich kontinuierlich weiterentwickelnde Organisation verstanden, die ein |

|  | systematisches Wissensmanagement betreibt, wozu auch die Erweiterung und Anwendung von erworbenem Wissen gehört. |
|---|---|
| Lessons Learned | Das Projektteam hält gemeinsam fest, was im Projekt gut gelaufen ist und was beim nächsten Projekt anders laufen sollte („lessons learned"). Lessons Learned können sowohl aus positiven als auch aus negativen Erfahrungen abgeleitet werden und beschreiben Optimierungsmöglichkeiten oder Risiken. Sie können sich gleichermaßen auf Aspekte des Managements (z.B. Organisation) und des Projektgegenstands (z.B. Lösungsansatz) beziehen. Merkmal einer „Lesson Learned" ist, dass sie auf einer praktischen Erfahrung beruht. |
| Linientätigkeit | Linientätigkeit beschreibt Tätigkeiten der Mitarbeiterinnen und Mitarbeiter in ihren Funktionsabteilungen. Werden neben der Linientätigkeit Projekte durchgeführt, so müssen die entsprechenden Mitarbeiterinnen und Mitarbeiter für diese Projektarbeit von ihrer Linientätigkeit freigestellt werden. |
| Maximierungsstrategie | Die Maximierungsstrategie beschreibt den Ansatz mit den vorhandenen Ressourcen das maximal mögliche Ziel zu erreichen. |
| Meilenstein | Meilensteine teilen den Projektverlauf in |

| | |
|---|---|
| | Etappen mit überprüfbaren Zwischenzielen und erleichtern damit sowohl die Projektplanung als auch die Kontrolle des Projektfortschritts. In der Regel finden bei Meilensteinen Abnahmen seitens des Auftraggeberin oder Auftraggebers statt und es wird über den Fortgang des Projekts entschieden. |
| Messkriterienbasierte Abschlussplanung | Die messkriterienbasierte Programmabschlussplanung ist eine Methode, um den vollständigen Umfang eines Programms bereits während der Programmplanung detailliert zu beschreiben, um daran später den erreichten Abschluss festmachen zu können. |
| Multiplikator | Als Multiplikatoren in Projekten gelten Personen oder Gruppen, die Fachwissen und etablierte Einschätzungen an andere weitergeben und damit zu ihrer Verbreitung beitragen. |
| Multiprojekt management | Multiprojektmanagement ist der Oberbegriff für Projektportfoliomanagement und Programmmanagement |
| Muss-Soll-Kann-Dringlichkeitsmatrix | Die Muss-Soll-Kann-Dringlichkeitsmatrix legt fest, wie zeitlich dringend und sachlich zwingend Projekte umgesetzt werden müssen. |
| Nutzwertanalyse | Die Nutzwertanalyse ist eine Methode, |

| | |
|---|---|
| | die die Entscheidungsfindung bei komplexen Problemen basierend auf Kriterien und deren Gewichtung rational unterstützen soll. |
| Opponent | Opponent ist die Bezeichnung für einen Gegner. |
| ÖPP-Projekte / Öffentlich Private Partnerschaften | Eine öffentlich-private Partnerschaft (ÖPP) ist eine vertraglich geregelte Zusammenarbeit zwischen öffentlicher Hand und Unternehmen der Privatwirtschaft in einer Zweckgesellschaft zur Durchführung eines oder mehrerer Projekte. |
| Phasen | Projekte werden in wenigstens drei Projektmanagement-Phasen unterteilt: Startphase, Durchführungsphase, Abschlussphase. Jede Phase hat definierte Ergebnisse und wird mit einer Freigabe abgeschlossen. |
| Pinguin-Prinzip | Das Pinguin-Prinzip ist ein von Kotter entwickeltes Modell zur Unterstützung bei Veränderungen. |
| Portfoliomanagement | Das Portfoliomanagement beschäftigt sich mit allen Projekten einer Organisation oder einer Organisationseinheit, unabhängig von Inhalten und Dauer der Projekte. Es ist eine stetige Einrichtung gleichwohl das Portfolio sich stetig wandelt, je nachdem welche Projekte initiiert, fortgeführt und beendet werden. Portfoliomanagement ist eine auf Dauer angelegte Tätigkeit. |
| Poweruser | Als Poweruser werden Mitarbeiterinnen |

und Mitarbeiter bezeichnet, die über besondere Kenntnisse und Fähigkeiten im Vergleich mit den durchschnittlichen Mitarbeiterinnen und Mitarbeitern verfügen. Sie sind häufig früh in Projekte eingebunden, um Wissen aufzubauen und stehen im und nach Abschluss des Projektes als Ansprechpartner zur Verfügung.

| Programmmanagement | Programmmanagement ist definiert als übergreifende Koordination von Einzelprojekten, die einem gemeinsamen Ziel dienen. |
|---|---|
| Project Management Institute | Project Management Institute mit Sitz in den USA ist der weltweit größte Fachverband für Projektmanagement. Ziel des Verbands ist es, einheitliche globale Normen und Qualifizierungen zu entwickeln. |
| Projekt | Ein Projekt ist ein „Vorhaben, das im Wesentlichen durch die Einmaligkeit der Bedingungen in der Gesamtheit gekennzeichnet ist wie Zielvorgabe, zeitliche, personelle oder andere Begrenzungen, Abgrenzung gegenüber anderen Vorhaben und eine projekt-spezifische Organisation." (DIN 69901) |
| Projektabschlussbericht | Der Projektabschlussbericht stellt die erreichten Leistungen des Projekts dar und vergleicht sie mit dem ursprünglich vereinbarten Leistungsumfang. |
| Projektcontrolling | Siehe Controlling |

| | |
|---|---|
| Projektleitung | Die Projektleitung ist zuständig für die Projektorganisation. Sie nimmt die operative Leitung des Projektes wahr, koordiniert alle Aktivitäten und führ das Controlling des Projektes durch. In diesem Zusammenhang trägt die Projektleitung die fachliche Verantwortung für das Erreichen von Sach-, Termin- und Kostenzielen im Rahmen der Projektdurchführung. Die Projektleitung hat dabei insbesondere auch kommunikative Anforderungen zu erfüllen (z.B. Projektsitzungen, Abstimmungen mit Stakeholdern, Berichtspflichten). |
| Projekt managementhandbuch | Nach DIN 69901-5 ist ein Projektmanagementhandbuch (auch: PM-Handbuch) eine "Zusammenstellung von Regelungen, die innerhalb einer Organisation generell für die Planung und Durchführung von Projekten gelten." Im Gegensatz dazu beschreibt ein Projekthandbuch alle erforderlichen Standards für ein spezifisches Projekt. |
| Projektmanagementoffices | Ein Projektmanagementoffice (PMO) ist eine zentrale Einrichtung, die sämtliche Prozesse, Vorlagen und Anleitungen zur organisatorischen Abwicklung von Projekten den operativen Projektteams zur Verfügung stellt. Je nach Zielsetzung kann eine PMO eher unterstützende oder steuernde Funktionen wahrnehmen. |
| Projektmanagement-Standards | Projektmanagement-Standards stellen Methoden (ggf. organisationsspezifisch) |

| | |
|---|---|
| | zusammen, die verbindlich für alle Projekte durchzuführen sind. |
| Projektmarketing | Projektmarketing beschreibt die Präsentation und Darstellung eines Projekts in seinem Umfeld sowie die Integration des Projektumfelds im Sinne der Projektziele. Ziel des Projektmarketings ist es, die Akzeptanz aller Betroffenen und Beteiligten zu steigern, das Projektumfeld positiv zu gestalten und so die Erreichung der Projektziele wahrscheinlicher zu machen. |
| Projektorientierte Unternehmen | Projektorientierte Unternehmen sind Organisationen, deren Leistungserstellung fast ausschließlich in Form von Projekten erfolgt. |
| Projektstrukturplan | Ein Projektstrukturplan stellt die Leistung eines Projektes in Form von Teilprojekten und Arbeitspaketen dar. |
| Promotoren | Promotoren sind Befürworter und Unterstützer von Projekten. Promotoren können mehr oder weniger einflussreich und passiv sowie aktiv sein. |
| Quickwins | Quickwins sind schnelle Ergebnisse, die mit wenig Aufwand erzielt werden können. Quickwins können Meilensteine, Teilprojektabschlüsse oder Arbeitspakete innerhalb eines Projektes sein. |
| Reaktanztheorie | Reaktanztheorie, beschreibt die psychologischen Folgen einer wahrgenommenen |

| | Freiheitseinschränkung. |
|---|---|
| Ressourcen | Ressourcen sind personelle und materielle Einsatzmittel. |
| Ressourcenplanung | Die Ressourcenplanung legt die schätzungsweise benötigten personellen und materiellen Ressourcen fest. |
| Risiko | Ein Risiko beschreibt einen Sachverhalt oder ein Ereignis mit einer möglichen negativen Auswirkung. Risiken sind charakterisiert durch die Eintrittswahrscheinlichkeit und die Auswirkung. |
| Risikoliste | Eine Risikoliste stellt alle Risiken und deren Bewertung eines Projektes im Überblick dar. |
| Risikomanagement | Risikomanagement umfasst die Planung, Überwachung und Steuerung von Maßnahmen zur Bearbeitung von Risiken mit den Zielen, diese zu eliminieren, die Wahrscheinlichkeit zu senken, die Auswirkung zu senken, Risiken zu delegieren oder zu tolerieren. |
| Risikomatrix | Eine Risikomatrix kategorisiert die Risiken eines Projektes anhand von Eintrittswahrscheinlichkeit und Auswirkung. |
| Schnittstellen | Schnittstellen bilden Einflüsse zwischen Projekten ab, die Auswirkungen auf den jeweiligen Fortschritt (Zielerreichung, Termineinhaltung) anderer Projekte haben. |

| | |
|---|---|
| Schnittstellenliste | Die Schnittstellenliste stellt alle von den Projekten benannten notwendigen Zulieferungen und Informationen im Überblick dar. Es wird unterschieden zwischen fordernden Projekten und liefernden Projekten. |
| Schnittstellenmanagement | Das Schnittstellenmanagement als wesentliche Methode des Programm Managements besteht in der Vernetzung der (Teil-)Ergebnisse zur Abbildung des Gesamtgefüges, das nicht durch einen linearen Plan wie beispielsweise eine Terminliste dargestellt werden kann. |
| Scrum | Scrum ist eine Projektmanagementmethodik, die auf agilen Prinzipen beruht. |
| Sprint | Ein Sprint bezeichnet in der agilen Projektmanagementmethode Scrum den Projektprozess, bei dem das Projektteam, innerhalb eines Vorgangs mit fixierter Dauer Anforderungen umsetzt. |
| Stakeholder | Ein Stakeholder ist ein Individuum oder eine Gruppe, die ein berechtigtes Interesse am Verlauf oder Ergebnis eines Projektes hat. |
| Stakeholderliste | In der Stakeholderliste werden die identifizierten und analysierten Ergebnisse des Stakeholdermanagements dargestellt. |
| Stakeholdermanagement | Das Stakeholdermanagement umfasst vier Schritte: Identifikation, Analyse, Maßnahmenplanung und Monitoring. |

| | |
|---|---|
| Startup-Unternehmen | Ein Startup beschreibt ein kürzlich gegründetes Unternehmen, das sich in der ersten Phase des Lebenszyklus befindet. |
| Statusbericht | Ein Statusbericht stellt den aktuellen Stand eines Projektes dar. |
| Steuerung | Steuerung bezeichnet das, nach der systematischen Überwachung des Projektverlaufs (durch Vergleich von erreichten Ist-Werten mit geplanten Sollgrößen), Ergreifen bestimmter Maßnahmen mit dem Ziel der Beeinflussung der zukünftigen Ist-Werte. |
| Strategiebeitrag / Strategischer Beitrag | Der Stategiebeitrag stellt dar, wie stark die Erreichung eines strategischen Ziels durch bestimmte Maßnahmen unterstützt wird. Häufig wird dies mit einer quantitativen Größe ausgedrückt. |
| Strategie-Beitrags-Portfolio | Im Strategie-Beitrags-Portfolio werden die beiden wichtigsten strategischen Ziele einer Organisation betrachtet und alle Projekte im Hinblick auf den potenziellen strategischen Beitrag zu diesen Zielen bewertet. Im Rahmen des Portfoliomanagements wird das Strategie-Beitrags-Portfolio eingesetzt, um Projekte zu priorisieren. |
| Synergieeffekte-Matrix | Die Synergieeffekte-Matrix ist eine Methode, die im Portfoliomanagement eingesetzt wird und erfasst die Beeinflussung und Einflussnahme |

|  | zwischen Projekten. |
|---|---|
| Szenarioanalyse | Die Szenarioanalyse ist eine Methode, die im Portfoliomanagement eingesetzt wird und betrachtet das Projektergebnis im Hinblick auf seine Mittel- und Langfristwirkung. |
| Team-Velocity | Die Team-Velocity Velocity ist eine Maßeinheit für die Geschwindigkeit eines Entwicklungsteams. |
| Teilprojekt | Projekte werden zur Komplexitätsreduzierung in Teilprojekte unterteilt. |
| Terminplanung | Die Terminplanung basiert auf Schätzungen der Dauer von Tätigkeiten und stellt festgelegte oder errechnete Termine dar. |
| Tiefenschulung | Eine Tiefenschulung ist eine umfassende Vorbereitung auf den Einsatz von Methoden und Systemen anhand von verschiedener didaktischer Methoden. |
| Time-to-Market | Die Time-to-Market beschreibt die Zeit, die notwendig ist, bis eine Produktidee oder ein Serviceangebot zur Marktreife gelangt und eine Platzierung am Markt erfolgen kann. |
| Top-Down-Planung | Die Top-Down-Planung ist ein Ansatz, der darauf abzielt, schrittweise von der obersten zur untersten Ebene einer bestimmten Hierarchie zu planen. |
| Triggerschulung | Eine Triggerschulung ist eine erweiterte Form des Projektmarketings, um |

Informationen seminarähnlich zu vermitteln mit dem Ziel Akzeptanz und Verständnis zu wecken.

| | |
|---|---|
| Übergabeteilergebnisse | Zur Erstellung eines Projektergebnisses benötigen die Projekte üblicherweise nicht nur eigene Teilergebnisse, sondern auch Teilergebnisse von anderen Projekten. Diese werden im Rahmen der Ergebnisplanung als Übergabeteilergebnisse bezeichnet. |
| Veränderungs-management | Unter Veränderungsmanagement versteht man die Koordination einer planvollen Übergangsphase von Situation A zu Situation B mit dem Ziel einer nachhaltigen Veränderung innerhalb einer Organisation. |
| Vorgehensmodell | Ein Vorgehensmodell ist eine Beschreibung einer koordinierten Vorgehensweise bei der Abwicklung eines Vorhabens. |
| Zieldefinition | Die Zieldefinition eines Projektes umfasst gemäß DIN sowohl den Leistungsumfang des Projekts als auch die Rahmenbedingungen seiner Erbringung. |

Printed in Great Britain
by Amazon